Edition KWV

Die „Edition KWV" beinhaltet hochwertige Werke aus dem Bereich der Wirtschaftswissen-
schaften. Alle Werke in der Reihe erschienen ursprünglich im Kölner Wissenschaftsverlag,
dessen Programm Springer Gabler 2018 übernommen hat.

Weitere Bände in der Reihe http://www.springer.com/series/16033

Stefanie Bredthauer

Verstellungen in inkriminierten Schreiben

Eine linguistische Analyse verstellten Sprachverhaltens in Erpresserschreiben und anderen inkriminierten Texten

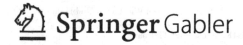 Springer Gabler

Stefanie Bredthauer
Bonn, Deutschland

Bis 2018 erschien der Titel im Kölner Wissenschaftsverlag, Köln
Dissertation, Philosophische Fakultät der Universität zu Köln, 2013

Edition KWV
ISBN 978-3-658-24323-4   ISBN 978-3-658-24324-1   (eBook)
https://doi.org/10.1007/978-3-658-24324-1

Die Deutsche Nationalbibliothek verzeichnet diese Publikation in der Deutschen Nationalbibliografie; detaillierte bibliografische Daten sind im Internet über http://dnb.d-nb.de abrufbar.

Springer Gabler
© Springer Fachmedien Wiesbaden GmbH, ein Teil von Springer Nature 2013, Nachdruck 2019
Ursprünglich erschienen bei Kölner Wissenschaftsverlag, Köln, 2013

Springer Gabler ist ein Imprint der eingetragenen Gesellschaft Springer Fachmedien Wiesbaden GmbH und ist ein Teil von Springer Nature
Die Anschrift der Gesellschaft ist: Abraham-Lincoln-Str. 46, 65189 Wiesbaden, Germany

Inhaltsverzeichnis

1. Einleitung

„Hallo! Ich bin ein Albaner, Drogensüchtig! (...) Dann ich später
anrufen bei türkische Mann, aber diese nix wollen geben Geld, (...)
Ich nix kann selber kommen auch kann nix geben Namen weil
will nix gehen Gefängnis."

Diese Sätze stammen aus einem inkriminierten Schreiben, in dem der Vorgang einer Straftat geschildert wird. Auf den ersten Blick scheint der Autor des Briefes kein deutscher Muttersprachler zu sein. Doch der Eindruck täuscht. Der Autor ist deutscher Muttersprachler und verstellt seine Sprache, damit er nicht ausfindig gemacht werden kann.

Schreiben wie dieses sind Gegenstand der vorliegenden Arbeit: Sie beschäftigt sich mit sprachlichen Verstellungen in inkriminierten Texten.

Ein inkriminierter Text ist ein Text, der
  a) selbst eine Straftat darstellen kann wie z.B. Erpresserschreiben, Bedrohungen, Beschuldigungen oder Selbstbezichtigungen und/oder
  b) im Kontext einer Straftat relevant ist.

Das Datenkorpus dieser Dissertation besteht nur aus Texten des ersten Typus.

Unter Verstellung wird Folgendes verstanden: „die Unkenntlichmachung des eigenen Stils durch den Täter mit der Absicht, seine Identität zu verschleiern" (Jöns 1989: 276). Dies geschieht z.B. durch Verstellung der Muttersprache oder bloße Verfremdung des Stils wie beispielsweise durch vollständige Kleinschreibung.

Es geht in der vorliegenden Arbeit nicht um inhaltliche Verstellungen, wie z.B. Lügen, sondern ausschließlich um Verstellungen des Sprachgebrauchs.

Die am häufigsten vorkommende Art der Verstellung besteht darin, den Sprachgebrauch so zu verändern, wie er nach Meinung der Verfasser bei Deutschsprechenden mit ausländischer Herkunft vorkommt (vgl. Ehrhardt 2007a). Das heißt, die Autoren bauen Fehler ein, die sie bei Nicht-Muttersprachlern des Deutschen beobachtet haben und passen ihren Sprachgebrauch dementsprechend an.

Der oben zitierte Auszug aus einem inkriminierten Schreiben des Datenkorpus ist ein Beispiel für diese Form von Verstellung: Der Verfasser verwendet u.a. Infinitive anstatt konjugierter Verbformen wie *„ich später anrufen"*, er ersetzt das Wort „nicht" konsequent durch *„nix"* und verändert die Wortstellung innerhalb der Sätze. Demgegenüber steht die perfekte Beherrschung von Eigenheiten der deutschen Sprache, mit denen Deutschlernende

© Springer Fachmedien Wiesbaden GmbH, ein Teil von Springer Nature 2013
S. Bredthauer, *Verstellungen in inkriminierten Schreiben*,
Edition KWV, https://doi.org/10.1007/978-3-658-24324-1_1

erfahrungsgemäß große Schwierigkeiten haben, wie z.B. der Verwendung von Umlauten (*„später"*, *„türkische"*), Doppelkonsonanten (*„kann"*, *„kommen"*, *„will"*) und eine fast immer korrekte Trennung zwischen Groß- und Kleinschreibung. Die Substantive *„Geld"* und *„Gefängnis"* werden z.B. groß geschrieben, Verben und Präpositionen, wie z.B. *„geben"* und *„bei"* klein. Es besteht deshalb eine große Diskrepanz in diesem Text zwischen dem, was der Verfasser im Deutschen vorgibt schon zu beherrschen und was noch nicht. Die Aussage *„Ich bin ein Albaner"* macht sofort deutlich, welche Art von Verstellung hier angestrebt wird.

Diese und weitere Verstellungen des Sprachgebrauchs werden in der vorliegenden Arbeit systematisch untersucht.

Als Datenkorpus dient das vom Bundeskriminalamt für diese Arbeit zur Verfügung gestellte Korpus „Verstellte Texte", das inkriminierte Texte aus den Jahren 1999-2007 umfasst, in denen eine Form von sprachlicher Verstellung attestiert wurde.

Die zentralen Fragestellungen dieser Arbeit sind:

1) Welche sprachlichen Merkmale weisen Verstellungen in inkriminierten Schreiben auf? Auf welchen sprachlichen Ebenen (Orthographie, Interpunktion, Morphologie, Syntax, Semantik, Pragmatik) erfolgt die Verstellung und mit welchen Mitteln? Lassen sich die Verstellungen verschiedenen Typen zuordnen?

2) Wie können die Analyseergebnisse erklärt werden? Werden z.B. Merkmale, die den Sprechern bewusster sind, häufiger imitiert als andere?

3) Welche Erkenntnisse können aus den Ergebnissen der Arbeit hinsichtlich einer Methodologie der Autorenerkennung in der forensischen Linguistik gewonnen werden?

Aufbau der Arbeit:

In diesem Kapitel wurde ein Überblick über den Gegenstand und die zentralen Fragestellungen der Arbeit gegeben.

Kapitel zwei befasst sich mit dem theoretischen Rahmen der Arbeit: Es werden zentrale Begriffe definiert und methodische Konzepte der forensischen Linguistik und der Autorschaftsanalyse im Besonderen erläutert.

Im dritten Kapitel wird der gegenwärtige Forschungsstand zu sprachlichen Verstellungen, vor allem innerhalb der Autorenerkennung der forensischen Linguistik beschrieben.

Im vierten Kapitel werden das Datenkorpus, das vom Bundeskriminalamt zur Verfügung gestellt wird, und die daraus getroffene Auswahl zur Bildung des Korpus für die vorliegende Arbeit beschrieben.

In Kapitel fünf wird auf die Analysemethoden eingegangen, die in der Arbeit verwendet werden.

Das sechste Kapitel enthält in mehrere Bereiche unterteilt die Ergebnisse der Analyse der inkriminierten Schreiben.

Die Arbeit schließt mit einer Zusammenfassung der Analyseergebnisse und einer Einschätzung ihrer Bedeutung für eine künftige Methodologie der Autorenerkennung in der forensischen Linguistik sowie einem Ausblick auf mögliche weiterführende Forschung zu sprachlichen Verstellungen.

Es folgen das Literaturverzeichnis und der Anhang.

2. Theoretischer Rahmen

Die vorliegende Arbeit hat sprachliche Verstellungen in inkriminierten Texten zum Thema. Daher wird sich dieses Kapitel mit den theoretischen Grundlagen von sprachlichen Verstellungen im Allgemeinen und im forensischen Kontext befassen. In Kapitel 2.1 wird die Frage geklärt, was sprachliche Verstellungen sind. Das dann folgende Kapitel 2.2 befasst sich damit, wie diese funktionieren. In 2.3 wird die Rolle von Verstellungen im forensisch-linguistischen Kontext erörtert.

2.1 Was sind sprachliche Verstellungen?

„Verstellen" bzw. „sich verstellen" wird im Deutschen Wörterbuch von Wahrig definiert als „so verändern, daß es ein anderer nicht erkennt" und „sich anders geben, als man ist" (Wahrig 2006: 3850 / Stichwort „sich verstellen").

Das Besondere der Verstellungen, die in der vorliegenden Arbeit untersucht werden, ist sicherlich, dass keine ganzheitliche Verstellung wie z.B. beim Schauspielern analysiert werden kann, sondern nur der kleine Ausschnitt, den die Schreiben liefern. Und da es sich um geschriebene Sprache handelt, können nicht einmal die Aussprache und die Intonation, die z.B. beim Komödianten sehr viel ausmachen, mit einbezogen werden. Da es sich um eine linguistische Arbeit handelt, geht es ebensowenig darum, ob die inhaltlichen Aussagen der Texte wahr oder falsch sind. Übrig bleiben die Mittel, mit denen die Autoren versuchen, eine Verstellung ihres Schriftsprachgebrauchs zu erzielen. Und eben diese Mittel sollen in der vorliegenden Arbeit untersucht werden.
Was genau passiert, wenn man versucht, seinen Sprachgebrauch zu verstellen, dieser Frage wird im folgenden Unterkapitel nachgegangen.

2.2 Wie funktionieren sprachliche Verstellungen?

Ein und dieselbe Tätigkeit wird von verschiedenen Menschen sehr unterschiedlich ausgeführt. Ein Beispiel aus dem Alltag wäre z.B., wie man sich die Zähne putzt: Man kann unten oder oben anfangen, nur kurz oder sehr ausführlich putzen, dabei vor dem Waschbecken stehen oder auf und ab laufen – um nur einige Möglichkeiten zu nennen. Wichtig dabei ist, dass es sich um eine sehr routinierte Tätigkeit handelt, die daher stark automatisiert ist und von verschiedenen Menschen sehr unterschiedlich ausgeführt wird. McMenamin beschreibt den Grund dafür wie folgt: Solche Tätgkeiten "become unconscious

© Springer Fachmedien Wiesbaden GmbH, ein Teil von Springer Nature 2013
S. Bredthauer, *Verstellungen in inkriminierten Schreiben*,
Edition KWV, https://doi.org/10.1007/978-3-658-24324-1_2

as they are constantly repeated and become more and more a part of the person"
(McMenamin 2002: 106). Der Begriff für dieses Phänomen lautet **Stil**.

„Style is the variable element of human behavior."
(McMenamin 2002: 106)

Dieses Phänomen tritt nicht nur bei alltäglichen Tätigkeiten auf, sondern gilt ebenso für den Sprachgebrauch. Auch hier stehen dem Sprecher/Schreiber immer mehrere Möglichkeiten zur Verfügung, um denselben Sachverhalt auszudrücken. Und auch hier wird davon ausgegangen, dass verschiedene Menschen bestimmte Dinge unterschiedlich sagen/schreiben. Wie bei anderen Verhaltensweisen wird hier von Stil gesprochen. In Bezug auf Sprache gibt es zwei grundsätzlich unterschiedliche Stilkonzepte: ein linguistisches und ein nicht-linguistisches.

Der nicht-linguistische Stilbegriff bezieht sich auf den bewussten Einsatz von Stilelementen wie Anaphern, Personifizierungen, Metaphern u.ä. (von Sandig als 'intensional' bezeichnet), der linguistische zielt auf das Einfließen unbewusster Merkmale des eigenen Stils wie z.B. Regionalismen und Idiosynkrasien beim Sprachgebrauch ab (von Sandig als 'symptomatisch' bezeichnet) (vgl. Sandig 1986: 217). Die auffälligsten Regionalismen betreffen sicherlich die Aussprache, aber auch auf allen anderen sprachlichen Ebenen treten Regionalismen auf. Beispiel für einen Regionalismus auf der lexikalischen Ebene ist z.B. die Verwendung des Begriffs „Stulle" im Nordostdeutschen/Berlinerischen für „Butterbrot". Eine Idiosynkrasie hingegen kann z.B. auf der morphologischen Ebene eine überdurchschnittliche Verwendung von Substantivierungen (Bsp.: „das Essen des Brotes", „das Singen des Liedes") sein.

Da die vorliegende Dissertation eine linguistische Arbeit ist, wird hier ausschließlich das linguistische Konzept verwendet.

Stil wird hierbei wie folgt definiert:

"Style is a reflection of group or individual variation in written language. Individual variation is a result of the writer´s choices of one form out of the array of all available forms."
(McMenamin 2002: 111)

Stil wird demnach „als charakteristische Wahl von durch das Sprachsystem zur Verfügung gestellten sprachlichen Mitteln angesehen" (Baldauf 1999: 94).

Auf der Basis dieses Stilkonzepts lässt sich nun der Begriff des **Ideolekts** definieren, der den Sprachgebrauch eines einzelnen Menschen bezeichnet:

"The idiolect has been referred to as a personal dialect. No two individuals use and perceive language exactly the same way, so there will always be at least small differences in the grammar each person has internalized to speak, write, and respond to other speakers and writers. The idiolect is the individual's unconscious and unique combination of linguistic knowledge, cognitive associations, and extra-linguistic influences."
(McMenamin 2002: 52)

Es wurde in diesem Zusammenhang über viele Jahre häufig von einem sprachlichen oder **linguistischen Fingerabdruck** gesprochen (vgl. Wolf 2002), da man davon ausging, dass die Verwendungsweise von sprachlichen Formen so individuell und charakteristisch sei, dass sie vergleichbar ist mit dem Fingerabdruck oder der DNA einer Person.

Diese Theorie wurde aber letztendlich aus verschiedenen Gründen verworfen:

Zum Einen da Sprache nun einmal ein soziales Phänomen ist, das sich erst dadurch entwickeln kann, dass Menschen miteinander in Kontakt treten, und das zu diesem Zweck auch in seiner Verwendung weitgehend überindividuell sein muss, da eine erfolgreiche Kommunikation sonst nicht möglich wäre. Wie sollten sich beispielsweise zwei Menschen verständigen können, wenn sie für dieselben Gegenstände vollkommen unterschiedliche (individuelle) Lexeme verwenden würden. Desweiteren wurde Sprache im Laufe der Zeit durch diverse Veränderungen immer mehr standardisiert: günstige Bücher, Schulpflicht, Massenmedien, elektronische Medien, Straßen-, Schienen- und Luftnetz – um nur einige Beispiele zu nennen. Das führte zu einem immer homogeneren Sprachgebrauch, was sich u.a. auf den Dialektgebrauch gravierend auswirkte.

Zum Zweiten ist Sprache im Gegensatz zum Fingerabdruck und der DNA nicht angeboren, sondern erworben und verändert sich das ganze Leben lang.

"Individuals continue acquiring language throughout their lives (...) language is not only acquired, it is also lost. At no time in an individual's life is language 'fixed'. In that case, if language is not a fixed property, how is style to be measured?"
(Olsson 2004: 27)

Olsson bezieht sich hier auf einen weiteren wichtigen Gesichtspunkt: Es gibt nicht nur Unterschiede zwischen dem Sprachgebrauch verschiedener Menschen (inter-author variation), sondern auch innerhalb des Sprachgebrauchs eines einzelnen Menschen (intra-author variation). Die wichtigsten Gründe hierfür sind: verschiedene Genres und Texttypen, zeitliche Abstände, Veränderungen der Lebensumstände des Autors, etc.

Christa Baldauf stellt deshalb fest:

„Von einem 'sprachlichen Fingerabdruck' kann nicht die Rede sein, wohl aber von einem 'sprachlichen Fingerzeig'."
(Baldauf 2002: 327)

Denn Sprache ist natürlich dennoch „ein derart inhärenter Teil unseres Verhaltens und unserer Biografie, dass sie sehr wohl etwas über den Einzelnen aussagen kann" (Baldauf 2002: 324). Sie kann beispielsweise Rückschlüsse auf das Alter, die Herkunft und die Schulbildung des Autors erlauben. Diese Tatsache, „dass Sprache variabel ist und dass diese Variabilität nicht arbiträr, sondern regelhaft auf bestimmte außersprachliche Faktoren zurückführbar ist" (Dern 2009: 40), macht sich die forensische Linguistik zu Nutze.

Was haben aber all diese Dinge mit Verstellungen zu tun?
Bei einer linguistischen Verstellung versucht der Autor, seinen sprachlichen Stil zu verändern – und zwar bezüglich der Merkmale, von denen der Autor annimmt, dass sie als sprachliche Fingerzeige dienen können – bis hin zur Nachahmung des Idiolekts einer anderen Person.
Das ist jedoch gar nicht so einfach, denn um etwas nachzuahmen oder zu verändern, muss man zunächst einmal wissen, was man denn imitieren/verändern möchte. Und der linguistische Laie ist normalerweise wie der typische 'user' eines Computers:

„Der Muttersprachler jedoch ist unbekümmert und i.d.R. blind für die Architektur seiner Sprache. So, wie ein typischer 'user' zwar einen Computer souverän bedienen kann, aber die Programmierung der Software oder auch den Aufbau der Hardware nicht kennt, so sind die meisten Sprecher eines Sprache 'user', die ihre Sprache zwar angemessen und fehlerlos sprechen, ihre Funktionsweise aber nicht reflektiert haben und das System nicht kennen." (Dern 2003: 44 f.)

Ebenso wie man sich beim Zähneputzen und anderen automatisierten Tätigkeiten nicht bewusst ist, wie man sie ausführt, so besitzen auch die wenigsten Muttersprachler genug **metalinguistisches Bewusstsein**, um ihre Sprache erfolgreich zu verstellen. Da aber über das metalinguistische Bewusstsein bisher sehr wenig bekannt ist, folgert Chaski:

"Therefore, until more is known about metalinguistic awareness in adults, the theoretical position should be taken that linguistic disguise is possible depending on the author´s particular level of metalinguistic awareness."
(Chaski 1997: 19)

Nachdem nun die wichtigsten Konzepte und Begriffe im Zusammenhang mit sprachlichen Verstellungen vorgestellt wurden, wird jetzt ihre Rolle im forensisch-linguistischen Kontext erläutert.

2.3 Verstellungen im forensisch-linguistischen Kontext

Die vorliegende Arbeit ist der forensischen Linguistik zuzuordnen. Die Aufgabe forensischer Wissenschaften allgemein besteht darin, "to describe and measure evidential traits left in a crime and compare them to traits found in known reference materials" (McMenamin 2002: 50). Dies geschieht in folgender Weise:

> "The analysis of variation is important in the forensic sciences because the variation left in trace evidence can be associated with the individual or class characteristics of the instruments or persons involved in a crime."
> (McMenamin 2002: 44)

Es werden demnach Merkmale definiert und unterschiedliche Ausprägungen dieser Merkmale werden verschiedenen Personen/Personengruppen als für sie charakteristisch zugeordnet.

Hierfür werden in der forensischen Linguistik die Methoden der Sprachwissenschaft auf forensische Fragestellungen angewendet. Das Spektrum der Themenfelder ist breit gefächert. Shuy schreibt hierzu:

> "Forensic linguistics covers a wide range of topics, including the language used in trials by judges, lawyers and witnesses; the language of the law itself; the language used in civil cases; and the language used in criminal cases."
> (Shuy 2007: 101)

Beispiele sind Gesetzestexte, Vertragstexte, Produkt- und Markennamen, Plagiarismus, Diskriminierung durch Verwendung bestimmter Ausdrücke, Polizeibefragungen, Interviews mit mutmaßlichen Geschädigten, Drohbriefe u.v.a.

Ein exakter Zeitpunkt der Entstehung der forensischen Linguistik lässt sich schwer festmachen. Einer der ersten Linguisten, die sich mit Sprache im forensischen Kontext beschäftigten, war Jan Svartvik. Er veröffentlichte 1968 seine Analyse der voneinander abweichenden Polizeiaussagen im Fall des Timothy John Evans. Dieser war 15 Jahre zuvor für den Mord an seiner Frau und seinem Kind gehängt worden – er wurde posthum freigesprochen, da die linguistische Analyse zu dem Schluss kam, dass er unschuldig war. Dies zeigt, wie wichtig forensisch-linguistische Analysen sein können.

In den 70er- und 80er-Jahren waren zunehmend mehr Linguisten in Rechtsfälle involviert, sowohl in Europa als auch in den USA. Zu nennen sind hier beispielsweise Hannes Kniffka in Deutschland, Malcolm Coulthard in Großbritannien und Roger Shuy in den USA (vgl. Shuy 2007: 100).

Die forensische Praxis unterscheidet sich in Europa und den USA allerdings grundlegend. In Europa sind es meistens die Gerichte, die einen Experten anfordern, in den USA eine der beiden beteiligten Parteien, wie Shuy schreibt:

> "...in Europe, it is often judges who call upon experts to analyze evidence. Expert reports are read by judges, who may, but usually do not, ask the experts to testify about their reports at trial. This contrasts with the common procedure in the United States, where experts are called by one side of the case and give testimony on behalf of that side."
> (Shuy 2007: 100)

Die Aufgabenstellungen der forensischen Linguistik lassen sich in drei große Fragenbereiche einteilen (vgl. Kniffka 2000a: 30):
1) Was wird gesagt?
   (z.B. bei Lexemen mit mehreren Bedeutungen)
2) Was wird gemeint?
   (z.B. ob ein Wort im heutigen Deutsch als Schimpfwort konnotiert ist)
3) Wer ist der Autor und/oder Schreiber eines anonymen Textes x?
   (z.B. bei anonymen Drohbriefen)

Der Fragenbereich, dem die vorliegende Dissertation zuzuordnen ist, ist der dritte der oben genannten – die sogenannte Autorenerkennung.

> „Autorenerkennung ist die linguistische Bewertung fraglicher schriftsprachlicher Texte in forensischen, kriminalistischen oder in sonst einer Form sicherheitsrelevanten Kontexten."
> (Dern 2009: 19)

Jemand, der beispielsweise ein Erpresserschreiben verfasst, hat verständlicherweise ein großes Interesse daran, anonym zu bleiben. Er möchte also keine Spuren hinterlassen, die Hinweise auf ihn liefern könnten. Er wird das Schreiben dementsprechend nicht mit seinem Namen unterzeichnen und z.B. auch Fingerabdrücke auf dem Papier vermeiden. Vielleicht wird er den Text auch nicht von Hand schreiben, damit ihn seine Handschrift nicht verraten kann. Dass auch der Sprachgebrauch Hinweise auf den Autor liefern kann, ist allerdings weniger bekannt und auch schwerer zu umgehen. Diese Spuren zu nutzen, ist die Aufgabe der Autorenerkennung.

Die Autorenerkennung gliedert sich in zwei Unterbereiche:
a) Textanalyse:
Ziel der Textanalyse ist es, auf der Basis eines Textes oder mehrerer Texte den Autor zu kategorisieren. Das soll heißen, Aussagen zu treffen über seine Muttersprache, seinen Beruf, sein Alter, seinen Bildungsgrad, seine regionale Herkunft, etc. Wichtig ist, dass es hierbei wirklich ausschließlich um eine Kategorisierung des Autors geht, nicht um eine Identifizierung.
b) Textvergleich:
Ziel des Textvergleichs ist es, eine Aussage darüber zu treffen, mit welcher Wahrscheinlichkeit mindestens zwei Texte von demselben Autor stammen (Autorenidentität) oder von unterschiedlichen Autoren.

Die Analysen im Bereich der Autorenerkennung in Deutschland werden für Gerichte, polizeiliche Ermittlungen oder für Privatpersonen erstellt. Die Gutachten stammen vom BKA, Sachverständigen der Industrie- und Handelskammer oder Privatsachverständigen. Über die Autorenerkennung im BKA, von der das Datenkorpus für diese Arbeit zur Verfügung gestellt wurde, schreibt Dern 2009 Folgendes:

„Im Bundeskriminalamt (BKA) ist die Autorenerkennung eine von vielen kriminaltechnischen Disziplinen, die sich mit der wissenschaftlichen Auswertung von Spuren und der Bereitstellung des in unserem Rechtssystem zentralen Sachbeweises befassen. (…) Zusammen mit der Sprechererkennung bildet die Autorenerkennung eine geisteswissenschaftlich geprägte Insel unter gegenwärtig 20 Fachbereichen des Kriminaltechnischen Instituts (KTI) des Bundeskriminalamtes. Eine Nachbarinsel bildet die forensische Schriftvergleichung, die als Disziplin der Psychologie ebenfalls der rein naturwissenschaftlichen Übermacht gegenüber steht. Da sich alle drei Fachrichtungen im weiteren Sinne mit der Analyse von Sprache beschäftigen, sind sie im Bundeskriminalamt organisatorisch in einer gemeinsamen Einheit *Schrift, Sprache, Stimme* untergebracht. (…) Dabei befasst sich die Autorenerkennung des BKA ausschließlich mit strafrechtlich relevanten Fällen erheblicher Schwere – Erpressung, Bedrohung, Entführung oder Tatbekennung. Zivilrechtlich relevante Fragestellungen, aber auch manch strafrechtlich relevanter Fall geringerer Schwere werden Privatsachverständigen der akademischen Welt oder aber Sachverständigen der Industrie- und Handelskammer abgetragen."
(Dern 2009: 25 f.)

„Ergebnis der Autorenerkennung kann ein gerichtsverwertbares Gutachten, eine Stellungnahme wie auch ein formloser Hinweis an Ermittlungsbeamte oder Sicherheitsexperten sein."
(Dern 2009: 20)

Für alle Aussagen, die in solchen Gutachten über den Autor des Textes getroffen werden, wird ein Wahrscheinlichkeitsgrad angegeben, wie sicher dieser Befund ist. Die u.a. vom BKA verwendete Wahrscheinlichkeits-Skala sieht wie folgt aus (vgl. u.a. Dern 2003: 50):

- mit an Sicherheit grenzender Wahrscheinlichkeit
- mit sehr hoher Wahrscheinlichkeit
- mit hoher Wahrscheinlichkeit
- wahrscheinlich
- nicht entscheidbar (non liquet)

Wichtig hierbei ist, dass diese verbalen Wahrscheinlichkeiten nicht als numerische Wahrscheinlichkeiten ausgedrückt werden können. Das liegt hauptsächlich an den diversen bisherigen Forschungsdefiziten, welche im Kapitel zum Forschungsstand ausführlich dargestellt werden.

Wie häufig hat die Autorenerkennung mit sprachlichen Verstellungen zu tun? Sprachliche Spuren wurden lange Zeit kaum berücksichtigt – auch von Autoren inkriminierter Texte. Doch mittlerweile ist vielen Autoren von inkriminierten Schreiben bewusst, dass auch ihre Sprache sie verraten könnte (vgl. Dern 2006: 323). Deshalb haben die Autoren- und Sprechererkennung nicht selten mit Behinderungen durch Verstellungen zu kämpfen, da "disguise" ein "common feature" geworden ist (vgl. Ehrhardt 2007b).

3. Forschungsstand

Die forensische Linguistik (einschließlich der Autorenerkennung) ist eine vergleichsweise sehr junge Teildisziplin der Sprachwissenschaft. Linguistische Gutachtertätigkeit im forensischen Bereich gibt es erst seit einigen Jahrzehnten (s. auch Kapitel 2.3). Dementsprechend handelt es sich um ein noch sehr offenes Fachgebiet ohne standardisierte Methode:

> „Eine standardisierte Methode, wie sie mit Einschränkungen im Bereich der Sprechererkennung gegeben ist (Künzel 1987), existiert im Bereich der Autorenerkennung nicht."
> (Dern 2003: 51)

Übersichten und Einführungen in die forensische Linguistik gibt es jedoch bereits einige, sie finden sich u.a. bei:
1. Shuy 2006: „Linguistics in the Courtroom: A Practical Guide."
2. Olsson 2004: „Forensic Linguistics. An Introduction to Language, Crime, and the Law."
3. Gibbons 2005: „Forensic linguistics: an introduction to language in the justice system."
4. McMenamin 2002: „Forensic Linguistics. Advances in Forensic Stylistics."

Speziell Verstellungen in inkriminierten Texten sind weitgehend noch nicht untersucht. Es gibt zwar viele Artikel/Bücher, in denen Verstellungen angesprochen werden, das Phänomen ist also bekannt, jedoch gibt es nur wenige Arbeiten, die Verstellungen zum Hauptthema haben. Dern stellt hierzu fest:

> „In der Literatur finden sich zahlreiche Hinweise auf die Problematik der Verstellung, im Mittelpunkt einer Falldarstellung oder etwa einer empirischen Untersuchung steht sie jedoch selten. Erkenntnisse zu Wesen und Ausprägung der Verstellung schriftsprachlichen Verhaltens (…) liegen bisher nicht vor."
> (Dern 2009: 79)

Einige der wenigen Artikel zu sprachlichen Verstellungen sind u.a.:
- Busch/Heitz 2006: „Wissenstransfer und Verstellung in Erpresserschreiben: Zur Analyse von Verstellungsstrategien auf korpuslinguistischer Basis"
- Fobbe 2006: „Foreigner Talk als Strategie. Überlegungen zur Fehlergenese in Erpresserschreiben."

© Springer Fachmedien Wiesbaden GmbH, ein Teil von Springer Nature 2013
S. Bredthauer, *Verstellungen in inkriminierten Schreiben*,
Edition KWV, https://doi.org/10.1007/978-3-658-24324-1_3

- Dern 2006: „Bewertung inkriminierter Schreiben – Zum Problem der Verwischung von Spuren durch Verstellung"
- Dern 2008: „'Wenn zahle nix dann geht dir schlecht': Ein Experiment zu sprachlichen Verstellungsstrategien in Erpresserbriefen."

Des Weiteren gibt es eine Magisterarbeit von Heitz aus dem Jahr 2002, die sich mit der Thematik beschäftigt: „Methoden der Verstellung bei der Produktion von Erpressungsschreiben".

Außerdem findet sich in Dern 2009 „Autorenerkennung – Theorie und Praxis der linguistischen Tatschreibenanalyse" ein Kapitel zu Verstellungen.

Die genannten Arbeiten befassen sich mit den folgenden Gesichtspunkten:

Christa Dern zeigt in ihrem Artikel „Bewertung inkriminierter Schreiben – Zum Problem der Verwischung von Spuren durch Verstellung" aus dem Jahr 2006 „am Beispiel eines konkreten Falles, einem Schreiben des Täters an „Herr Socko" nach dem Dreifachmord in einer Heidelberger Arztpraxis am 23.12.2002, (…) Vorgehensweise sowie Möglichkeiten und Grenzen der sprachwissenschaftlichen Bewertung inkriminierter Schreiben" auf (Dern 2006: 323). Das Beispielschreiben enthält eine Verstellung als Nicht-Muttersprachler des Deutschen, anhand derer Dern erläutert, woran eine Verstellung zu erkennen sein kann, welche Verstellungsmöglichkeiten es gibt und welche Probleme Verstellungen in der Praxis der Autorenerkennung aufwerfen. Das in dem Artikel untersuchte Beispielschreiben ist auch im Korpus der vorliegenden Arbeit enthalten.

Auch Eilika Fobbe beschäftigt sich in ihrem Artikel „Foreigner Talk als Strategie. Überlegungen zur Fehlergenese in Erpresserschreiben." aus dem Jahr 2006 mit Verstellungen als Nicht-Muttersprachler des Deutschen. Anhand exemplarischer Analysen von drei Texten zeigt sie Unterschiede zwischen echten und fingierten Fehlern und stellt die Hypothese auf, dass Autoren bei dieser Form von Verstellung auf ihr Wissen über den Foreigner Talk zurückgreifen (vgl. Fobbe 2006: 151). Unter Foreigner Talk versteht man eine Sprachvariante, die häufig von Muttersprachlern gegenüber Nicht-Muttersprachlern verwendet wird. Die Muttersprachler versuchen, ihre Sprache zu vereinfachen, und benutzen dafür u.a. inkorrekte Formen (Bsp.: „Du Formular ausfüllen." anstatt „Füllen Sie bitte das Formular aus.").

Die von Fobbe ausgewählten drei Texte stammen aus dem LiKtORA-Korpus. LiKtORA steht für „Linguistische Korpusanalyse als textanalytische Option für Repräsentation und Auswertung von Tatschreiben" und ist ein Projekt, das im Auftrag des BKA durchgeführt wird (vgl. Busch/Heitz 2006: 85). Ziel des Projektes ist es, „mit Hilfe korpuslinguistischer Verfahren ein flexibles, mobiles und zukunftsoffenes Korpus von Tatschreiben zu schaffen (…)" (Busch/Heitz 2006: 85). Das Korpus umfasst 1500 vom BKA zur Verfügung gestellte

Briefe, darunter auch „eine Anzahl von Schreiben, die Abweichungen zeigen, die den strukturellen Merkmalen des foreigner talk entsprechen" (Fobbe 2006: 154).

Das LiKtORA-Korpus wurde ebenfalls von Albert Busch und Susanne Catharina Heitz für ihren Artikel „Wissenstransfer und Verstellung in Erpresserschreiben: Zur Analyse von Verstellungsstrategien auf korpuslinguistischer Basis" aus dem Jahr 2006 verwendet. Sie beschreiben das LiKtORA-Korpus und die im Projekt angewandte „Taggingsystematik" [1] sowie die im Korpus gefundenen Typen der Autorenstilisierung. „Autorenstilisierungen sind explizite Angaben, die ein Texturheber absichtlich oder unabsichtlich über sich selbst und ggf. die Gruppe, der er angehört, macht." (Busch/Heitz 2006: 87). Außerdem nennen sie die besonders auffälligen Verstellungsartefakte im LiKtORA-Korpus und geben eine Beschreibung der Magisterarbeit von Heitz aus dem Jahr 2002.

Für ihre Examensarbeit „Methoden der Verstellung bei der Produktion von Erpressungsschreiben" bat Susanne Catharina Heitz rund 30 Probanden, einen Erpresserbrief zu einem gegebenen Szenario zu schreiben, und dann noch einen weiteren mit der zusätzlichen Anweisung, den Stil zu verstellen. Danach sollten sie ihre verwendeten Verstellungsmethoden beschreiben und weitere sinnvolle Methoden nennen. Abschließend wurden sie gebeten, den „konditionale(n) Kern der Erpressung zunächst in eigenen Worten wiederzugeben (…), dann (…) in der 'Maske' einer älteren, jüngeren, gebildeteren, ungebildeteren und einer geisteskranken Person (…), außerdem als Ausländer und als Mitglied einer radikalen Organisation" (Busch/Heitz 2006: 94). Das Ergebnis der Arbeit geben Busch und Heitz wie folgt wieder:

> „Zwar sollte diese erste Feldstudie in erster Linie Fragestellungen klarer definieren und gezielte Hinweise für Folgestudien geben, dennoch zeigte aber die Auswertung der Texte, dass die Probanden hauptsächlich drei Methoden der Verstellung nutzten: Beinahe alle 'verstellten' Texte waren kürzer als ihre Pendants, die meisten unhöflicher oder unfreundlicher im Tonfall und die Drohungen wurden häufig drastischer."
> (Busch/Heitz 2006: 95 f.)

In Derns Artikel aus dem Jahr 2008 mit dem Titel „'Wenn zahle nix dann geht dir schlecht': Ein Experiment zu sprachlichen Verstellungsstrategien in Erpresserbriefen." beschreibt sie ein Experiment, das sie mit 52 Studierenden der Universitäten Saarbrücken und Mainz durchführte. Den Probanden wurden nacheinander drei Aufgaben gestellt: Erstens ein Erpresserschreiben zu vorgegebenen Rahmenbedingungen zu verfassen; zweitens ein

---

[1] Beim Tagging (dt. Etikettieren) werden Informationen/Merkmale in einem Korpus mit Schlagworten oder Kategorien ausgezeichnet. Die Systematik, die dieser Auszeichnung zugrunde liegt, d.h. welche Kategorien beispielsweise verwendet werden, wird als Taggingsystematik bezeichnet.

weiteres Schreiben zu verfassen mit der zusätzlichen Anweisung, die „Sprache so zu verändern, dass Sie nicht erkannt werden können"; und schließlich noch ein drittes Schreiben zu verfassen mit der zusätzlichen Anweisung, „die Sprache eines 'Ausländers' zu imitieren" (Dern 2009: 83).

Dieses Experiment schildert Dern auch noch einmal in ihrem Buch aus dem Jahr 2009 mit dem Titel „Autorenerkennung – Theorie und Praxis der linguistischen Tatschreibenanalyse". Das Buch enthält ein Kapitel „Das Problem der Verstellung", in dem Dern u.a. das Experiment aus 2008 beschreibt. Darüber hinaus listet sie mögliche Verstellungsstrategien auf, nennt Gesichtspunkte, die Verstellungen erschweren, und nennt Merkmale, an denen eine Verstellung zu erkennen sein kann. Es gibt große Überschneidungen mit ihrem Artikel aus dem Jahr 2003.

Die genannten Artikel stützen sich auf Einzelbeispiele, bzw. geben nur eine Übersicht der gefundenen Verstellungsstrategien. Dies trifft auf die Magisterarbeit von Heitz und das Experiment von Dern 2008 nicht zu, allerdings basieren diese nicht auf authentischen Daten, sondern auf solchen, die in einer simulierten Situation entstanden.
Eine systematische Korpusanalyse zu sprachlichen Verstellungen in inkriminierten Texten anhand authentischer Daten, wie sie die vorliegende Arbeit liefern soll, wurde meines Wissens in dieser Form bisher noch nicht unternommen.

Im Folgenden werden die Ergebnisse und Theorien zur Verstellungsthematik, die sich in der bisherigen Forschungsliteratur finden lassen, referiert.

In der Literatur werden einige mögliche Typisierungen von Verstellungen genannt.
Ehrhardt unterscheidet zwei unterschiedliche Formen von sprachlicher Verstellung (vgl. Ehrhardt 2007a):
  a) dissimulatorisch:
     Der Autor versucht, den eigenen Stil zu verändern/zu verfremden.
     Bsp.: ausschließliche Verwendung von Groß- oder Kleinbuchstaben, Auslassen von Satzzeichen, kurze Texte, unvollständige Sätze, etc.
  b) simulatorisch:
     Der Autor versucht, den Stil einer anderen Person oder Gruppe zu imitieren.
     Bsp.: Verstellung hinsichtlich der Muttersprache, des Bildungsgrades, des Alters, der Herkunftsregion, etc.

Dieselbe Unterscheidung lässt sich auch bei Braun finden, er sagt:

> „Bei dem im forensischen Kontext stets aktuellen Aspekt der Stilverstellung sind zwei Problemkreise grundsätzlich zu trennen: (1) Die Verstellung im eigentlichen Sinne mit dem Ziel einer Unkenntlichmachung des eigenen Stils und (2) die Verstellung im Sinne einer Fälschung mit dem Ziel, das fragliche Schreiben einer bestimmten Person zuzuweisen."
> (Braun 1989: 162)

Grundsätzlich stellt Ehrhardt fest, dass den Autoren theoretisch viele verschiedene Möglichkeiten zur Verfügung stünden, um ihre Sprache zu verstellen, sie aber praktisch nur von sehr wenigen Gebrauch machen. Die meisten versuchen, einen Deutschfremdsprachler zu imitieren, und auch das mit nur sehr wenigen typischen Manipulationsstrategien (vgl. Ehrhardt 2007a). Auch Busch/Heitz und Dern schreiben, dass die Fragestellung, ob der Text von einem Muttersprachler geschrieben wurde oder nicht, in der Praxis der forensischen Autorenerkennung sehr häufig auftritt (vgl. Busch/Heitz 2006: 94 f., Dern 2006: 324).

Dern nennt vier Strategien, zwischen denen der Autor wählen kann, wenn er seine Sprache verstellen möchte (vgl. Dern 2006: 325):
- die wahllose Entstellung seiner Sprache,
- die Vortäuschung eines schlechteren muttersprachlichen Sprachvermögens als tatsächlich gegeben,
- die Vortäuschung der Nicht-Muttersprachlichkeit,
- die Vortäuschung einer bestimmten Autorschaft (behauptete Identität), also die Imitation des sprachlichen Verhaltens einer bestimmten Person.

Und Busch findet als besonders auffallende Verstellungsartefakte im Liktora-Korpus die folgenden (vgl. Busch/Heitz 2006: 96 ff.):
- Deutsch als Fremdsprache
- Fachsprachenverwendung
- Bildungsgrad
- Radikale Organisationen
- Altersspezifische Sprache

Bei den Versuchen, sich als Nicht-Muttersprachler des Deutschen auszugeben, stellen sowohl Fobbe als auch Dern fest, dass sogenanntes 'Ausländerdeutsch' nachgeahmt wird, aber ohne eine spezifische Muttersprache als Ausgangspunkt (vgl. Dern 2006: 323, Fobbe 2006: 163). Fobbe schreibt hierzu:

„Im Zusammenhang mit einer gewollten Irreführung in Bezug auf die eigene Sprachkompetenz im Rahmen eines Erpresserschreibens dient das Vortäuschen einer lernersprachlichen Kompetenz in erster Linie dazu, von der eigenen Sprachkompetenz abzulenken. Das Erzeugen von Fremdartigkeit, wie sie der literarische foreigner talk evoziert, dient genau diesem Zweck: So wie literarischer foreigner talk den Ausländer an sich karikiert, der in diesem Sinne keine Herkunft besitzt, so definiert sich der Verfasser mit Hilfe dieser sprachlichen Strategie einfach über die Negation seiner muttersprachlichen Kompetenz, er ist im eigentlichen Sinne ein Nicht-Muttersprachler, ohne dass sich dahinter das Konzept einer ausländischen Identität verbergen würde." (Fobbe 2006: 162 f.)

Ergebnisse des Experiments von Dern aus dem Jahr 2008 sind u.a. die Folgenden:

- Nur 13% kamen von selbst auf die Idee, ihre Sprache zu verstellen.
- Nachdem sie dazu aufgefordert wurden, ihre Sprache zu verstellen, verstellten sich ganze 31% als Ausländer.
- Auf die Aufforderung hin, sich als Ausländer zu verstellen, wählten nur 6% eine spezifische Muttersprache als Grundlage für ihre Verstellung.
- Die häufigsten Veränderungen der Sprache zum Zweck der Verstellung waren: Absenkung der Stilebene (68%), Realisierung einer förmlichen Stilebene (16%), Textverkürzung (16%).
- Bei den sprachunspezifischen Verstellungen als „Ausländer" waren meistens (56%) hauptsächlich Veränderungen auf den grammatischen Ebenen zu finden, die anderen Ebenen blieben größtenteils unverändert.

Ob Verstellungen leicht zu enttarnen sind oder nicht, dazu lassen sich entgegengesetzte Einschätzungen finden. In Blum 1990, Kniffka 2000a und McMenamin 2002 beispielsweise wird ganz klar die Position bezogen, dass Verstellungen leicht zu erkennen sind (vgl. Blum 1990: 292, Kniffka 2000a: 41, McMenamin 2002: 164). Dern hingegen ist anderer Auffassung: Es sei häufig schwer zu entscheiden, ob es sich um eine Verstellung handelt oder nicht (vgl. Dern 2003: 46, Dern 2006: 323, Dern 2009: 106).

Darüber, woran Verstellungen zu erkennen sein können, herrscht allerdings Einigkeit. In den meisten Fällen ist das Gesamtbild nicht stimmig (vgl. Spillner 1990: 103), da die Fehler nicht authentisch wirken (vgl. Dern 2003: 47) bzw. das Fehlerprofil unplausibel ist (vgl. Dern 2006: 325). Dies äußert sich darin, dass

- sowohl korrekte als auch fehlerhafte Realisierungen gleichzeitig auftauchen (vgl. Bickes/Kresic 2000: 128, Ehrhardt 2007b, Dern 2003: 47, Fobbe 2006: 155, Dern 2006: 325),

- die Fehlerhaftigkeit nicht konsistent ist, also nicht gleichbleibend intensiv (vgl. Dern 2003: 46 f., Dern 2006: 325),
- die Fehlerverteilung/-streuung Diskrepanzen aufweist, z.B. zwischen den verschiedenen sprachlichen Ebenen oder den Fehlertypen innerhalb einzelner Ebenen (vgl. Fobbe 2006: 149 f., Bickes/Kresic 2000: 128), die Verstellungen also nur punktuell sind (vgl. Dern 2006: 325),
- nur oberflächliche stereotype Veränderungen vorgenommen (vgl. Schall 2004: 555, McMenamin 2002: 54) und diese oft übertrieben werden (vgl. Blum 1990: 292, McMenamin 2002: 54),
- schwer erlernbare Charakteristika des Deutschen, welche erwartbare Fehlerquellen darstellen, korrekt umgesetzt werden (vgl. Dern 2006: 326).

Die Erklärung für diese Probleme der Autoren bei ihren Verstellungsversuchen wurde schon im zweiten Kapitel genannt. Auch hier sind sich die Wissenschaftler einig: Es mangelt den Autoren an ausreichenden sprachtheoretischen, sprachreflexiven und analytischen Kenntnissen. Denn eine erfolgreiche Verstellung würde ein erhebliches Maß an metasprachlichem Wissen voraussetzen (vgl. Busch/Heitz: 84, Dern 2006: 325, Ehrhardt 2007a).

Die Diskrepanzen zwischen den verschiedenen sprachlichen Ebenen lassen sich damit begründen, dass sie unterschiedlich bewusst sind und somit die Verstellung auf manchen Ebenen leichter fällt als auf anderen (vgl. Fobbe 2006: 149, Grewendorf 2000: 83, Spillner 1990: 102 f., Stein/Baldauf 2000: 380, Olsson 2004: 42 f.).
Der Autor verrät sich demnach durch unreflektierte sprachliche Gewohnheiten (vgl. Jöns 1989: 278).

Bei Kniffka 1999 und Dern 2003 finden sich Beschreibungen dessen, was vom Autor geleistet werden müsste, um eine erfolgreiche Verstellung zu produzieren. Dern schreibt:

„Versucht ein Autor im Falle 'behaupteter Identität' (ebd.) das sprachliche Verhalten eines anderen vorzutäuschen, so muss er jedoch Erhebliches leisten. Er muss in der Lage sein, die Charakteristika des eigenen sprachlichen Verhaltens zu erkennen und zu unterdrücken, die Charakteristika des Sprachverhaltens des imitierten Autors zu erkennen und im Verlauf der Textproduktion umzusetzen. Dies überzeugend durchzuführen und im Verlauf eines oder mehrerer Texte aufrechtzuerhalten, stellt an den Fälscher jedoch hohe linguistische Anforderungen."
(Dern 2003: 53)

Kniffka folgert sogar, dass eine Verstellung auch für Linguisten unmöglich ist (vgl. Kniffka 1999: 196 f.).

Einer erfolgreichen Verstellung steht dann auch oft das Bedürfnis nach Verständnissicherung entgegen. Denn was nützt dem Autor beispielsweise eines Erpresserschreibens eine gelungene 'Ausländerverstellung' mit authentischen Fehlern, wenn der Inhalt seines Schreibens vom Empfänger nicht mehr verstanden wird und somit wichtige Informationen z.B. zur Geldübergabe nicht mehr kommuniziert werden können. Das führt oft dazu, dass in den Schreiben eine sehr fehlerhafte Sprache verwendet wird, aber dennoch alles inhaltlich einwandfrei zu verstehen ist – was bei authentischem 'Ausländerdeutsch' alles andere als der Regelfall ist (vgl. Dern 2003: 47, Dern 2006: 325, Ehrhardt 2007b).

In der bisherigen Forschungsliteratur wird auf diverse Forschungsdefizite verwiesen. Da es bisher kaum empirische Untersuchungen zur Verstellungsthematik gibt, stützen sich die Gutachter ausschließlich auf ihr Erfahrungswissen (vgl. u.a. Dern 2006: 325, Kniffka 1989: 231, Busch/Heitz 2006: 93). Insgesamt lässt sich festhalten, dass bisher nur „little is known about how this [disguise] works" (Shuy 2007: 110).
Als konkrete offene Fragestellungen werden z.B. genannt,
- mit welcher Konsistenz eine Verstellung bewerkstelligt werden kann (vgl. Kniffka 1990b: 20),
- welche Verstellungsstrategien es gibt (vgl. Dern 2003: 71),
- was unbewusst und was bewusst ist (vgl. McMenamin 2002: 163 f.),
- ob lexikalische Daten tatsächlich leichter manipulierbar sind als andere (vgl. Kniffka 1989: 231),
- und welche sprachlichen Merkmale überhaupt zu untersuchen sind (vgl. Shuy 2007: 110).

Auch in der Autorenerkennung allgemein bleibt viel zu tun:

„...language-based author identification needs to develop a sound scientific method if it is to serve justice and truth."
(Chaski 1997: 18)

Die genannten Forschungsdefizite u.v.m. führen dazu, dass häufig nach der Beweiskraft linguistischer Gutachten gefragt wird. Bei Steinke 1990 findet sich hierzu die Bewertung des Bundeskriminalamtes, die der Begutachtung des Barschel-Briefes[2] beigefügt war, mit

---

[2] „Nach dem Tode Barschels wurden Kopien eines Briefes bekannt, den Barschel angeblich vor seinem Tode an Minister Stoltenberg geschrieben hatte und in dem Barschel offenbarte, daß der gesamte CDU-Landesvorstand das Vorgehen Barschel/Pfeiffer gegen Engholm gebilligt habe." (Steinke 1990: 326)

dem Hinweis, dass diese Bewertung Allgemeingültigkeit hat (vgl. Steinke 1990: 336). Sie lautet wie folgt:

„Zum Stand linguistischer Begutachtung in der Bundesrepublik allgemein

Linguistische Gutachten mit dem Ziel einer Texturheberschaftsprüfung sind in der Bundesrepublik Deutschland zwar in etlichen, meist spektakulären Strafprozessen in Auftrag gegeben worden; sie können jedoch derzeit weder methodisch noch vom Umfang der Erfahrung her als Routineverfahren gelten.

Insbesondere im Hinblick auf die Methodik ist festzustellen, daß der Bearbeiter nicht auf einen feststehenden Kanon zu untersuchender Merkmale zurückgreifen kann (es gibt im Gegenteil berechtigte Zweifel daran, daß solch ein allgemeingültiger Kanon überhaupt existiert), sondern weitgehend auf Erfahrungen bei der Textanalyse in anderen wissenschaftlichen Bereichen und auf methodische Intuition angewiesen ist. Dies zeigt neben den veröffentlichten Erfahrungsberichten wie JÖNS (1982) oder KNIFFKA (1981) auch die Diskussion anläßlich eines Symposions zu diesem Thema am 8./9. 1988 im Bundeskriminalamt. Die angesprochenen Probleme betreffen dabei nicht so sehr die Textbeschreibung und -analyse – hierfür stellt die Linguistik im Prinzip geeignete Methoden zur Verfügung; sie beziehen sich vielmehr auf die Wertigkeit dieser Beschreibungsprozeduren im Hinblick auf individualtypische Stilmerkmale.

Dies überrascht nicht, wenn man bedenkt, daß das oberste Erkenntnisinteresse linguistischer Beschreibung auf die in einer Sprache allgemein, d.h. unabhängig vom Individuum geltenden Regeln und Gesetzmäßigkeiten gerichtet ist. Individuelle Stilmerkmale wurden vor diesem Hintergrund je nach Blickwinkel negativ, also als Normverstoß bzw. Fehler oder positiv im Sinne einer sich in ihnen offenbarenden genialen Dichterpersönlichkeit untersucht. Erst in jüngerer Zeit beginnt sich ein Stilbegriff zu etablieren, der stilistische Individualität als 'Wahl zwischen verschiedenen Möglichkeiten' auf den unterschiedlichen sprachlichen Ebenen begreift. Die Entscheidung darüber, welche Wahl zwischen verschiedenen synonymen Wörtern bzw. zwischen verschiedenen Satzkonstruktionen getroffen wird, hängt allerdings von zahlreichen Faktoren ab, die mit dem textproduzierenden Individuum nichts zu tun haben. Der wichtigste von ihnen ist die sogenannte Textsorte, d.h. die Textkategorie wie z.B. Liebesbrief oder Gesetzestext, die von sich aus gewisse Anforderungen an Wortwahl und grammatisch-stilistische Gestaltung stellt. Dieser durch die Textsorte gesetzte Rahmen schränkt einerseits die individuelle Gestaltungsfreiheit ein, andererseits verfügt jede schreibgeübte Person über mehrere, der jeweiligen Textsorte angemessene 'Register'. Das bedeutet, daß in vielen Bereichen, zu denen sicher auch der der Wortwahl zu rechnen ist, die Gemeinsamkeiten zwischen Texten, die verschiedene Urheber haben, aber der gleichen Textsorte angehören, größer sein können als zwischen solchen, die denselben Urheber haben, jedoch verschiedenen Textsorten angehören. Das Verhältnis zwischen Textsortenerfordernis und individueller Gestaltungsmöglichkeit innerhalb der Textsorte ist von der Forschung derzeit noch weitgehend ungeklärt. Solange dieser Zustand andauert, hat sich in der Gutachterpraxis die Einführung von sog. Blindtexten oder Dummies bewährt. Hierbei handelt es sich um mindestens einen Text, der in Sorte und Thematik mit dem inkriminierten übereinstimmt, aber sicher nicht von dessen möglichem Verfasser stammt, sondern von einer dritten Person mit vergleichbarer Ausbildung und ähnlichem Erfahrungshintergrund. (Im vorliegenden Fall hätte sich etwa ein Schreiben, möglichst ein Beschwerdebrief, eines CDU-Funktionsträgers mit akademischer Ausbildung an Dr. Stoltenberg angeboten.) Die Heranziehung solcher Dummies gilt als probates Hilfsmittel zur Unterscheidung textsortenspezifischer Merkmale von individualtypischen.

Eine weitere, gegenüber Textsorteneinflüssen robuste Untersuchungsgröße bildet die Fehleranalyse, die nicht zuletzt aus diesem Grunde nach allgemeiner Auffassung einen zentralen Bestandteil jeder Urheberschaftsprüfung darstellen sollte.

Als weiteres Routineverfahren bei linguistischen Textvergleichen kann die Analyse von Merkmalen der äußeren Textgestaltung (Schreibweise) wie Raumaufteilung auf dem Blatt, Gestaltung der Anrede, Verwendung von Anführungszeichen usw. gelten."

(BKA in Steinke 1990: 337 f.)

Die aktuelle Forschungsliteratur zeigt, dass diese Bewertung des BKAs keineswegs überholt, sondern auch über 20 Jahre später immer noch zutreffend ist.

4. Datenkorpus

Das Datenkorpus der vorliegenden Arbeit besteht aus Texten des Korpus „Verstellte Texte" des BKA. Dieses umfasst 117 inkriminierte Schreiben, die in den Jahren 1999 bis 2007 beim BKA eingegangen sind. Jedem dieser Schreiben wurde von den Mitarbeitern der Autorenerkennung eine sprachliche Verstellung attestiert. Die Schreiben liegen jeweils als gescannte Bilddatei und als Abschrift (Textdatei) vor.

Zu 114 der inkriminierten Schreiben wurden linguistische Gutachten vom BKA erstellt, die jeweils einen Verstellungsbefund enthalten. Diese Gutachten fordern in den meisten Fällen Gerichte an. Die Gerichte sind angehalten, dem BKA Rückmeldung über Erkenntnisse zu geben, die das Gerichtsverfahren über den Autor des Schreibens hervorbringt. Leider sind solche Rückmeldungen nur sehr selten.
Bei den Schreiben des Korpus „Verstellte Texte" gibt es zu 23 Texten Rückläufe von den Gerichten, die den Verstellungsbefund bestätigen. Negative Rückläufe, die dem Befund des BKA widersprechen, gibt es nicht.

Die Schreiben des Korpus sind hauptsächlich Erpresserbriefe, aber auch andere inkriminierte Texte wie Drohbriefe und Bekennerschreiben.

In einigen Fällen handelt es sich nicht nur um Einzelschreiben, sondern um Briefserien mit einem Initialschreiben und einem oder mehreren Folgeschreiben. Die längste Serie des Datenkorpus besteht aus 28 Schreiben. Besonders interessant sind Serien, die verstellte und unverstellte Schreiben enthalten oder verschiedene Verstellungstypen aufweisen, da in diesen Fällen sehr deutlich wird, welche sprachlichen Merkmale verändert werden, um eine Verstellung zu bewirken.

Um die inkriminierten Texte für diese Arbeit verwenden zu können, mussten sie anonymisiert werden. Die folgenden Angaben wurden deshalb in den Scans der Texte geschwärzt und in den Textdateien durch die nachfolgenden Platzhalter ersetzt:

© Springer Fachmedien Wiesbaden GmbH, ein Teil von Springer Nature 2013
S. Bredthauer, *Verstellungen in inkriminierten Schreiben*,
Edition KWV, https://doi.org/10.1007/978-3-658-24324-1_4

Anonymisierte Angabe	Platzhalter im Text
Männlicher Vorname	mVName
Weiblicher Vorname	wVName
Nachname	NName
Firmenname	FName
Markenname	MName
Ortsname	OName
Straße	Str
Hausnummer	123...
PLZ	12345...
Telefonnummer	1234567...
Kreditkartennummer	123456789...
Datum	Datum

Abb. 1: Anonymisierung

In die Analyse dieser Dissertation werden einige der 117 Texte des BKA-Korpus nicht mit einbezogen. Es handelt sich erstens um die drei Texte, die vom BKA noch nicht begutachtet wurden, und zweitens um drei Texte des Korpus, die in Englisch verfasst sind.

Drittens werden 25 Texte von der Analyse ausgeschlossen, die schon das BKA von allen anderen Texten des Korpus abgetrennt hat, da sie sich von den anderen Texten erheblich unterscheiden. Es handelt sich bei diesen Texten um sogenannte Selbstaufwertungen. Hierzu schreibt Dern:

> „Die Vortäuschung eines muttersprachlichen Vermögens, das oberhalb des tatsächlich gegebenen liegt, wird zwar immer wieder versucht, ist jedoch zum Scheitern verurteilt und mündet in der Regel in der Produktion von Stilblüten."
> (Dern 2006: 325)

Die englischen Texte und die Selbstaufwertungen werden nicht mit in die Analyse einbezogen, da dies den Rahmen der vorliegenden Arbeit übersteigen würde.

Es werden demzufolge 31 Texte, die im BKA-Korpus „Verstellte Texte" enthalten sind, nicht in das Datenkorpus für die Analyse dieser Arbeit aufgenommen.

Von den verbleibenden 86 Texten sind 16 Schreiben aus einer Serie identisch mit anderen Texten derselben Serie. Wahrscheinlich versuchte der Autor, verschiedene Personen/Unternehmen gleichzeitig zu erpressen und schickte deshalb denselben Erpresserbrief an mehrere Empfänger.

Somit besteht das Korpus dieser Dissertation aus 70 inkriminierten Texten des BKA-Korpus „Verstellte Texte". Das nachfolgende Diagramm verdeutlicht die von mir getroffene Auswahl.

Abb. 2: BKA-Korpus und Korpus der vorliegenden Arbeit

Die ausgewählten 70 Texte stammen aus 29 unterschiedlichen Vorgängen. Zu 19 der Texte (aus vier Vorgängen) gibt es einen Rücklauf von den Gerichten, der den Verstellungsbefund jeweils bestätigt. Das heißt, bei etwas mehr als einem Viertel der Texte (27%) liegt ein Rücklauf vor, bei knapp drei Viertel (73%) nicht.

Abb. 3: Rückläufe zu den Texten

Die nachfolgende Tabelle gibt die Verteilung der Texte innerhalb der Vorgänge an, d.h. ob es sich um Einzeltexte oder Textserien (und welche Textanzahl) handelt.

Anzahl der Texte in dem Vorgang	Anzahl der Vorgänge mit der Textmenge
Einzeltext	21 Vorgänge
Serie mit 2 Texten	2 Vorgänge
Serie mit 3 Texten	3 Vorgänge
Serie mit 5 Texten	1 Vorgang
Serie mit 14 Texten	1 Vorgang
Serie mit 17 Texten	1 Vorgang
70 Texte	aus 29 Vorgängen

Abb. 4: Einzeltexte und Textserien

Im BKA-Korpus trägt jeder Text eine Kennung, die sich wie folgt zusammensetzt:

- das Jahr, in dem der Text beim BKA eingegangen ist
- eine Vorgangsnummer
- und ggf. die Nummer des Textes innerhalb des Vorgangs (bei Textserien)

Der Text 2004/3728/4 beispielsweise wäre im Jahr 2004 eingegangen und würde zum Vorgang mit der Nummer 3728 gehören. Bei diesem Vorgang würde es sich um eine Textserie handeln, und dieser Text wäre der vierte Text in der Serie.

Auch diese Kennungen wurden aus Datenschutzgründen für diese Untersuchung anonymisiert, indem die Jahreszahl und die Vorgangsnummer durch eine Ziffer ersetzt wurden. Die Ziffern sind im Datenkorpus der vorliegenden Dissertation fortlaufend vergeben. Die Nummerierung innerhalb der Textserien wurde beibehalten. So trägt der o.g. Text z.B. nun die Kennung 24/2.

5. Methoden der Analyse

Ziel dieser Dissertation ist es, Merkmale von Verstellungen im Allgemeinen und verschiedenen Verstellungstypen im Einzelnen herauszuarbeiten.

Wie im Forschungsstand bereits beschrieben, gibt es in der Autorenerkennung noch keine standardisierte Methode, nach der die inkriminierten Texte untersucht werden. Unklar ist bislang auch noch, welche Merkmale analysiert werden sollten. Shuy schreibt:

> "The diagnosticity of linguistic features is also somewhat unsettled. Some forensic linguists focus on such features as punctuation, spelling, vocabulary choices, and grammatical abbreviations in the writing. Others believe that these features are not diagnostic enough, assigning more weight to syntactic features, aspects of written text about which the writer is less likely to be consciously aware."
> (Shuy 2007: 110)

Da bisher noch keine standardisierte Methode existiert, ist die Auswahl und Entwicklung der Analysemethodik als wesentliches Ziel und Bestandteil der Ergebnisse dieser Arbeit anzusehen.

Einigkeit besteht darüber, dass die Fehleranalyse in der Untersuchung von inkriminierten Texten zentrale Bedeutung hat. Auch in der vorliegenden Arbeit bildet sie den Kern der Analyse.

Zur Ergänzung der klassischen Fehleranalyse werden weitere Analyseschritte durchgeführt, die sich mit Charakteristika der Fehlerprofile wie beispielsweise der Konstanz der Fehlerhaftigkeit befassen. Diese Analyseschritte orientieren sich an den bisherigen Erkenntnissen über sprachliche Verstellungen (s. Kapitel 3) und den speziellen Erfordernissen der Untersuchung von verstellten inkriminierten Texten.

Der Fehleranalyse geht eine Stilanalyse voraus, die über die Fehlerprofile hinausgehende Auffälligkeiten in den Texten aufdecken soll.

5.1 Stilanalyse

Für Stilanalysen stehen prinzipiell Unmengen unterschiedlicher Merkmale zur Verfügung, die untersucht werden können. Hier gilt es demnach, die für diese Untersuchung relevanten Merkmale auszuwählen. Auch die Vorgehensweise bei der Analyse einzelner Merkmale

© Springer Fachmedien Wiesbaden GmbH, ein Teil von Springer Nature 2013
S. Bredthauer, *Verstellungen in inkriminierten Schreiben*,
Edition KWV, https://doi.org/10.1007/978-3-658-24324-1_5

variiert sehr stark. Daher müssen die für diese Arbeit zweckmäßigen Methoden ausgewählt werden.

Die Grundlage für die Auswahl in dieser Arbeit bildet die „Stilistik der deutschen Gegenwartssprache" von Fleischer/Michel/Starke 1993, die ebenfalls von der Autorenerkennung des BKA verwendet wird, sowie die in der bisherigen Forschungsliteratur als potentiell signifikant genannten Merkmale (s. Kapitel 3).

Kriterium für die Auswahl der Merkmale/Merkmalsausprägungen ist ihre Zweckmäßigkeit hinsichtlich der Ziele dieser Arbeit. Diese sind aufgrund der großen Forschungsdefizite durchweg umfassender und weniger detaillierter Art. Das bedeutet, alle ausgewählten Stilkategorien werden überblicksartig erfasst, da die Untersuchung als Einstieg in die Thematik gedacht ist. Die Aufgabe der vorliegenden Arbeit ist keine detaillierte, in die Tiefe gehende Analyse eines einzelnen Merkmals/einiger weniger Merkmale. Die Aufgabe dieser Untersuchung ist es vielmehr, für solche Detailanalysen die Basis zu schaffen.

Im Hinblick auf die Syntax würde eine solche detaillierte Analyse beispielsweise bedeuten, dass man alle unterschiedlichen verwendeten Satzstrukturen und die Nebensatztiefen quantitativ auswertet.

Als Resultat der **Merkmalauswahl für die Stilanalyse** dieser Arbeit ergibt sich Folgendes:

1) **Verstellungshinweise:**
   In den Texten wird nach inhaltlichen Hinweisen darauf gesucht, dass eine Verstellung vorliegt.

2) **Layout:**
   Länge und Aufbau der Texte sowie die Schriftbilder werden untersucht, z.B. daraufhin, ob es sich um einen hand-/maschinenschriftlichen Text handelt oder ob der Text eine Anrede oder Grußformel enthält.

3) **Orthographie und Interpunktion:**
   Orthographische und interpunktionelle Besonderheiten in den Texten werden kommentiert, wie z.B. das Fehlen jeglicher Zeichensetzung.

4) **Lexik:**
   Die Lexik der Texte wird hinsichtlich der Verwendung von Fachvokabular, unterschiedlicher Register und der lexikalischen Komplexität analysiert.

Anzumerken ist zu dieser Auswahl, dass die Verstellungshinweise (Merkmal 1) an und für sich ein inhaltliches Merkmal darstellen und kein linguistisches. Da sie jedoch wichtige

Hinweise darauf liefern können, welche sprachliche Verstellung vorgenommen werden sollte, ist ihre Analyse für die vorliegende Arbeit unerlässlich.

Die Merkmale, die im Bereich Layout sowie Orthographie und Interpunktion untersucht werden, sind der Graphostilistik zuzuordnen – auch als graphische Sprachform bezeichnet. Diese Teildisziplin der Linguistik befasst sich mit der systematischen Beschreibung der stilistischen Funktionen spezifischer graphischer Elemente (vgl. Dürscheid 2006: 220).

Die Daten werden sowohl qualitativ als auch quantitativ analysiert (s. Kapitel 5.3).

5.2 Fehleranalyse

Die Fehleranalyse ist eine vielfach erprobte Untersuchungsmethode, die z.B. in der Fremdsprachenerwerbsforschung häufig Anwendung findet, da sie Einblicke in die kognitiven Prozesse des Fremdsprachenerwerbs ermöglicht und man sich dadurch Aufschluss darüber erhofft, wie das Erlernen von Sprachen vonstatten geht und von welchen Faktoren es beeinflusst wird.

Die „klassische" Fehleranalyse gliedert sich in drei Analyseschritte (vgl. James 1998):
1) Fehleridentifizierung
2) Fehlerbeschreibung/Fehlerklassifizierung
3) Fehlererklärung (Fehleraitiologie)

In der vorliegenden Arbeit wird diese „klassische" Fehleranalyse angepasst, um die verstellten Texte erfolgversprechend untersuchen zu können. Hierfür werden weitere Analyseschritte eingeführt, die in Kapitel 6.2 detailliert erläutert werden. Beispielsweise werden die Texte auf gleichzeitiges Vorkommen von regelkonformen und fehlerhaften sprachlichen Varianten hin untersucht. Diese Erweiterungen der Fehleranalyse wurden auf Grundlage der bisherigen Erkenntnisse zu sprachlichen Verstellungen (s. Kapitel 3) erarbeitet.

Das **Vorgehen bei der Fehleranalyse** sieht wie folgt aus:

a) Die **Fehler werden identifiziert**, so dass ein systematisches Fehlerkorpus vorliegt.
b) Die **Fehler werden klassifiziert**, indem sie den verschiedenen sprachlichen Ebenen und unterschiedlichen Fehlertypen zugeordnet werden.
c) Die **Konstanz der Fehlerprofile** bezüglich der Fehlerhäufigkeit und der vertretenen Fehlertypen wird innerhalb der einzelnen Texte überprüft.

d) Die **Plausibilität der Fehlerprofile** wird analysiert, um Hypothesen darüber aufstellen zu können, welche Fehler Bestandteil der Verstellungen sind.

Auch bei der Fehleranalyse erfolgt sowohl eine qualitative als auch eine quantitative Auswertung.

Im Anschluss an die Fehler- und Stilanalyse werden alle Ergebnisse nach Mustern durchsucht, die eine Einteilung der Schreiben in verschiedene Verstellungstypen ermöglichen.

5.3 Auswertungsmethode

Die folgende Abbildung fasst die verschiedenen Analyseschritte noch einmal zusammen:

Analysemethode		
	Schritt 1	Inhaltliche Verstellungshinweise
Stilanalyse	Schritt 2	Layout der Texte
	Schritt 3	Orthographie und Interpunktion
	Schritt 4	Lexik
Auswertung der Ergebnisse der Stilanalyse		
	Schritt 5	Identifizierung der Fehler
	Schritt 6	Klassifizierung der Fehler
Fehleranalyse	Schritt 7	Konstanz der Fehlerprofile
	Schritt 8	Plausibilität der Fehlerprofile
Auswertung der Ergebnisse der Fehleranalyse		
Zusammenführung und Auswertung aller Ergebnisse		

Abb. 5: Analysemethode

Die Daten werden qualitativ und quantitativ ausgewertet.
A) Bei der **qualitativen Analyse** werden die Ausprägungen der verschiedenen Merkmale und Fehler untersucht und beschrieben, z.B. welche Arten von Fachvokabular im Korpus vorkommen.

B) Für die **quantitative Auswertung** werden statistische Maße herangezogen:

1) Absolute und relative Häufigkeit:

Die Häufigkeiten des Vorkommens der einzelnen Merkmale, Merkmalsausprägungen und Fehlertypen werden bestimmt.

2) Mittelwert und Standardabweichung[3]:

Bei metrischen Merkmalen wie z.B. der Wörterzahl in den Texten wird ein
Durchschnittswert und die Streuung der Werte um diesen Durchschnittswert
berechnet.

3) Korrelationsanalyse:

Es wird nach Zusammenhängen zwischen dem Auftreten der verschiedenen
Merkmale/Merkmalsausprägungen und Fehlertypen/Fehlerprofilen gesucht. Als
statistisches Maß wird hierbei u.a. der Korrelationskoeffizient verwendet.

Detailliertere Erläuterungen und die verwendeten Formeln finden sich im Anhang.

Die qualitative Auswertung und die statistischen Maße unter 1) und 2) werden demnach bei
der Stil- und Fehleranalyse herangezogen. Die Ergebnisse werden in eine Datenbank
eingetragen, die anschließend als Basis für die Korrelationsanalyse dient.

---

[3] „Die Standardabweichung ist ein Maß für die Streubreite der Werte eines Merkmals rund um dessen Mittelwert
(arithmetisches Mittel). Vereinfacht gesagt, ist die Standardabweichung die durchschnittliche Entfernung aller
gemessenen Ausprägungen eines Merkmals vom Durchschnitt." (Quelle: http://de.statista.com, Stand: 03.01.2013)

6. Analyseergebnisse

6.1 Stilanalyse

In diesem Kapitel werden die Ergebnisse der Analyse zu den Stilmerkmalen in den Bereichen Verstellungshinweise, Layout, Orthographie und Interpunktion sowie Lexik vorgestellt.

6.1.1 Verstellungshinweise

Unter Verstellungshinweisen werden inhaltliche Hinweise darauf verstanden, welche Form der Verstellung durch den Autor angestrebt wird, bzw. welche Merkmale Teil der Verstellung ausmachen. Busch und Heitz 2006 nennen diese Hinweise „Autorenstilisierungen".

> „Autorenstilisierungen sind explizite Angaben, die ein Texturheber absichtlich oder unabsichtlich über sich selbst und ggf. die Gruppe, der er angehört, macht." (Busch/Heitz 2006: 87).

Unter den 70 Texten des Datenkorpus finden sich 14 Texte mit inhaltlichen Hinweisen darauf, welche Form der Verstellung durch den Autor angestrebt wird. Das heißt, jeder fünfte Text (20%) enthält einen solchen inhaltlichen Verstellungshinweis.
3 der 14 Texte sind Bestandteil einer Textserie, bei den übrigen 11 Schreiben handelt es sich um Einzeltexte.

In der Mehrzahl der Schreiben, nämlich in 10 von 14 Texten, finden sich Verstellungshinweise, die den Autor als Nicht-Muttersprachler des Deutschen ausgeben sollen. Auch die Textserie zählt hierzu. Diese Hinweise sind entweder direkter oder indirekter Art. Beispiele für direkte inhaltliche Hinweise auf eine Verstellung als Nicht-Muttersprachler des Deutschen sind z.B.:

1) Text 12   > *wir Fliegen Wochenende in Heimat zurück.* <
2) Text 24/1 > *Bin aus Osteuropa und illegal hier.* <
3) Text 29   > *WEIL DEUTSCHE HELFEN UNS PAKISTANER UND MUSLIME* <

© Springer Fachmedien Wiesbaden GmbH, ein Teil von Springer Nature 2013
S. Bredthauer, *Verstellungen in inkriminierten Schreiben*,
Edition KWV, https://doi.org/10.1007/978-3-658-24324-1_6

Solche direkten Hinweise finden sich in 7 der 10 Texte. Die übrigen drei Texte enthalten indirekte inhaltliche Hinweise auf eine Verstellung als Nicht-Muttersprachler des Deutschen: Ein Schreiben wurde mit einem arabisch klingenden Namen unterzeichnet (Text 5) und ein Text mit arabischen Schriftzeichen (Text 13). Der dritte Text dieser Art enthält türkische Sätze, die in den deutschen Text eingebaut wurden und Bezeichnungen wie „EUER GOTT" (Text 15), die z.B. durch die Verwendung des Pronomens „EUER" eine religiös-kulturelle Distanzierung des Autors gegenüber der Religion/Kultur des deutschen Adressaten ausdrücken können.

In den vier Texten mit Verstellungshinweisen, die nicht mit der Muttersprache verbunden sind, werden Verstellungen als Mikrobiologe, Arzt und Kind versucht, und in einem Fall soll eine geringere linguistische Kompetenz vorgetäuscht werden.

1) Text 17   > *Aber ich habe mal in der Mikrobiologie gearbeitet* <
2) Text 16/6   > *Ich bin Arzt für innere Medizin.* <
3) Text 28/4   > *Ich bin der Ulf und 12 Jahre alt.* <
4) Text 23   > *Bitte entschuldigen die das ich zu faul bin Fehlerfrei zu schreiben. Ich habe andere Qualitäten. Ausserdem hoffe ich das mein Schreiben sie, ein bischen Amüsiert. meine Art solche Schreiben wie ihres zu beantworten.* <

Das folgende Diagramm stellt die Verteilung der verschiedenen Typen inhaltlicher Verstellungshinweise graphisch dar.

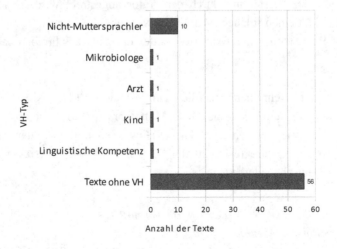

Abb. 6: Verstellungshinweise (VH)

6.1.2 Layout

Das Layout der Texte des Datenkorpus scheint in vielen Fällen auf unterschiedliche Weise Bestandteil der jeweiligen Verstellungsstrategie zu sein. Hierbei handelt es sich zum einen um die in den inkriminierten Schreiben erzeugten Schriftbilder und zum anderen um verschiedene Merkmale der Textgestaltung.

6.1.2.1 Schriftbilder

Der grundlegende Unterschied bezüglich der Schriftbilder besteht darin, ob die Texte maschinen- oder handschriftlich verfasst sind. In dem untersuchten Datenkorpus finden sich 41 Texte, die maschinell geschrieben sind – das entspricht 59%. Die übrigen 29 Texte, also 41% sind von Hand geschrieben. Andere Schriftbildarten wie z.B. aufgeklebte Zeitungsbuchstaben kommen – entgegen der Erwartung vieler Menschen – nicht vor. Schall schreibt hierzu: „Texte dieser Art gibt es zwar wirklich, doch sie stellen im Alltag der Forensischen Linguistik (FL) kuriose Randerscheinungen dar." (Schall 2004: 544).

Die Schriftbilder der von Hand geschriebenen Texte aus dem Datenkorpus sind für die vorliegende Arbeit von großem Interesse. Denn auch als Nicht-Schriftsachverständiger erkennt man in vielen Fällen, dass das erzeugte Schriftbild einen Teil der Verstellungsstrategie des Autors ausmacht.

Als Grundlage für die Analyse der Handschriften wurde das „Grundkomponentenmodell" von Michel verwendet, welches er 1982 als „Ein allgemeines System zur Erfassung von Schriftmerkmalen" vorstellte (vgl. Michel 1982: 78 ff.). Dieses System findet bis heute Anwendung. Die Sachverständige für Handschriftenvergleichung Seibt schreibt hierzu:

> „Aufbauend auf graphologischen Theorien und graphometrischen Untersuchungen hat MICHEL 1982 das Grundkomponentenmodell zur Erfassung graphischer Merkmale entwickelt, das universell anwendbar und flexibel ist und eine vollständige, systematische und ökonomische Merkmalserfassung gewährleistet."
> (Seibt 2004: 50)

Die von Michel benannten 9 Grundkomponenten, die in dieser Arbeit bei der Kategorisierung der Handschriften berücksichtigt wurden, sind (vgl. Michel 1996: 1037ff.):
1) Strichbeschaffenheit: Merkmale des Striches als dem „Urelement" der Schrift: Sicherheit und Elastizität der Strichführung und ihre Störungen.

2) Druckgebung: Absolute Stärke der aufgewendeten Kraft beim Schreiben und ihre Verlaufseigenschaften (Druckrhythmus).

3) Bewegungsfluß: Strich- und Erfolgsgeschwindigkeit (Schreibweg und Schreibleistung pro Zeiteinheit) sowie Grad und Art der Verbundenheit, also Häufigkeit und Position der Unterbrechungen des Bewegungsflusses.

4) Bewegungsführung und Formgebung: Modifikation der erlernten Schulvorlage durch Bogen- und Linienzügigkeit sowie durch Tendenzen zur Reduktion und Amplifikation.

5) Bewegungsrichtung: Bewegungsentfaltung in den vier Schreibrichtungen: Bewegungsabläufe, Neigungswinkel und Zeilenführung.

6) Vertikale Ausdehnung: Absolute Schriftgröße und Größenproportionen.

7) Horizontale Ausdehnung: Buchstabenbreite und -abstände.

8) Vertikale Flächengliederung: Anordnung der Beschriftung in der Senkrechten (Ober- und Unterrand, Zeilenabstände und sonstige vertikale Gliederung).

9) Horizontale Flächengliederung: Anordnung der Beschriftung in der Waagerechten (Links- und Rechtsrand, Wortabstände und sonstige horizontale Flächengliederung).

Im Bereich der Schriftverstellung unterscheidet Michel zwischen willkürlicher Schriftverstellung, Schriftnachahmung und anderen willkürlichen Schriftveränderungen:

„Von Schriftverstellung wird gesprochen, wenn ein Schreiber seine Handschrift willkürlich in der Absicht verändert, seine Urheberschaft nicht erkennbar werden zu lassen, nicht jedoch mit dem Ziel, die Handschrift einer anderen Person nachzuahmen. Letzteres wird als Schriftnachahmung bezeichnet.
Nicht immer ist allerdings eine klare Trennung zwischen Schriftverstellung und -nachahmung möglich. Zuweilen kann sich nämlich die Verstellung mehr oder minder diffus am Vorbild einer fremden Handschrift orientieren. Auch kann bei Fälschungen u.U. nicht eindeutig entschieden werden, ob der Fälscher seine Schrift nur verstellt hat oder die andere Schrift nachahmen wollte. Für die Praxis der Schriftvergleichung ergeben sich durch solche Grenzfälle in der Regel keine besonderen Probleme.
Schriftverstellung wird durch diese Definition aber auch abgesetzt gegen andere willkürliche Schriftveränderungen, die nicht der Verdeckung der Urheberschaft dienen sollen, sondern z.B. der Zielsetzung, besonders schön, deutlich, klein etc. zu schreiben. Für die Schriftvergleichung können sich in solchen Fällen aber die gleichen Probleme ergeben wie bei Schriftverstellung."
(Michel 1982: 180)

Unabhängig davon um welche der drei Formen der Schriftverstellung es sich handelt, sie erfolgen alle durch „eine willkürliche direkte oder indirekte Einflußnahme auf den sonst weitgehend automatisiert ablaufenden Schreibvorgang. Diese Einflußnahme kann (...) in sehr vielfältiger Form erfolgen." (Michel 1982: 181).

Als einfachsten Fall nennt Michel eine Schriftverstellung, die sich nur auf ein einzelnes, allgemeines Merkmal beschränkt, z.B. eine Veränderung des Neigungswinkels. Diese Veränderung ist ihm zufolge auch die häufigste Art der Einzelverstellung. Dem stehen Schriftverstellungen gegenüber, bei denen mehrere, voneinander unabhängige Merkmale gleichzeitig verändert werden, z.B. der Neigungswinkel, die Größe und ausgewählte Einzelformen. Solche Verstellungen sind aber Michel zufolge nur eingeschränkt möglich (vgl. Michel 1982: 184). Den Grund hierfür sieht er vor allem in Aufmerksamkeitsschwankungen, durch die der Schreiber in seine gewohnte Schrift zurückfällt (vgl. Michel 1982: 200). Er schlussfolgert deshalb:

„Erfreulicherweise kann man aber aus der Praxis der Schriftvergleichung berichten, daß nur bei einem kleineren Teil von zu untersuchenden, in verstellter Schrift gefertigten Schreibleistungen eine völlige Verfremdung gelungen ist, die sich auch durch entsprechende Schreibversuche nicht wieder reproduzieren läßt. Viele Personen sind offenbar nicht imstande oder halten es auch gar nicht für erforderlich, die Möglichkeiten einer Schriftverstellung voll auszuschöpfen. Sie begnügen sich vielmehr mit relativ vordergründigen Schriftveränderungen."
(Michel 1982: 204)

Anhand des Grundkomponentenmodells von Michel und mit Hilfe der genannten Erkenntnisse über Schriftverstellungen wurden die Handschriftenbilder des Datenkorpus der vorliegenden Arbeit in drei Typen unterteilt: unverstellte Schrift (Typ A), verstellte Druckschrift (Typ B) und verstellte Schreibschrift (Typ C). Diese Typen werden im Folgenden beschrieben.

Typ A: unverstellte Schrift
Die Schriftbilder des Typ A machen einen unverstellten Eindruck. Sie sind in Schreibschrift oder Schreibschrift mit Druckschriftelementen geschrieben und wirken sehr geübt. Teils sehen sie ordentlicher und teils unordentlicher geschrieben aus.

Hier als Beispiel ein Ausschnitt, der in sehr geübter, flüssiger Weise geschrieben und sehr leserlich ist:

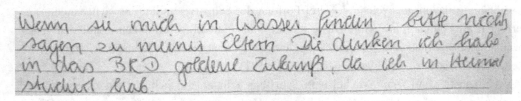

Abb. 7: Beispiel aus Text 24/1

Und als zweites Beispiel ein Ausschnitt, dessen Schriftbild ebenso geübt und flüssig wirkt, aber nicht so leserlich ist:

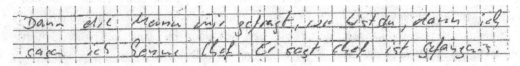

Abb. 8: Beispiel aus Text 10

Typ B: verstellte Druckschrift

Diese Texte wurden in Druckschrift geschrieben, und das Schriftbild scheint Teil der Verstellungsstrategie zu sein.

In Abbildung 9 ein Beispiel, bei dem die Buchstaben in der Größe variieren und sogar ein Hilfsmittel, etwa ein Lineal, zum Ziehen der Buchstabenstriche verwendet wurde:

Abb. 9: Beispiel aus Text 16/4

Zum Vergleich ein Beispiel aus einem anderen Text derselben Serie, bei dem das Schriftbild deutlich natürlicher aussieht und auch alle Buchstaben nun in etwa dieselbe Größe haben. Dennoch scheinen die Buchstaben mit ihrer eckigen Schreibweise und die Tatsache, dass pro Buchstabe/Zeichen jeweils genau ein Kästchen verwendet wurde, zur Verstellungsstrategie zu gehören:

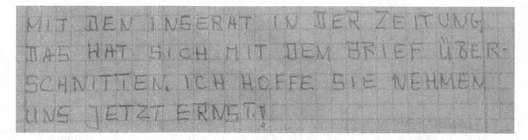

Abb. 10: Beispiel aus Text 16/7

Ein weiteres Beispiel findet sich, bei dem u.a. die Buchstaben im Verlauf des Textes immer größer werden, so dass sich insgesamt ein so gravierender Größenunterschied zwischen den Buchstaben der jeweils ersten und letzten Zeile ergibt, dass auch dies ein beabsichtigter Teil der Verstellungstaktik zu sein scheint. Hier als Beispiel zwei Ausschnitte aus dem Text, einer vom Anfang und einer vom Ende des Textes:

ICH WOLLTE MICH NICHT MEHR MELDEN,
ENTWEDER HABT IHR DIE ANZEIGE
geSCHRIEBEN ODER IHR HABT GLÜCK

Abb. 11: Beispiel aus Text 6/1

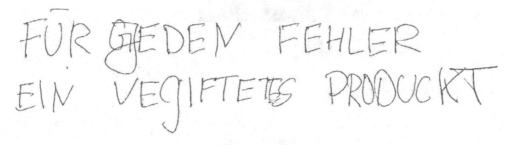

Abb. 12: Beispiel aus Text 6/1

Bei Abbildung 13 handelt es sich um einen Ausschnitt, bei dem die Buchstaben auch sehr eckig geschrieben sind und wahrscheinlich ungeübt wirken sollen:

ICH SIE NICHT HASSEN.
HASSEN NUR SELBSTLOSE MENSCH.

Abb. 13: Beispiel aus Text 22/2

Typ C: verstellte Schreibschrift

Beim dritten Schriftbildtyp handelt es sich um Schreibschrift, bei der das Schriftbild zur Verstellungsstrategie zu gehören zu scheint. Hier ein Beispiel, bei dem sogar von Hand Schreiblinien gezogen wurden. Das Schriftbild steht hierzu mit seiner schlechten Leserlichkeit im Kontrast. Die Übergänge zwischen den Buchstaben u.ä. sehen allerdings dennoch sehr flüssig und deshalb geübt aus:

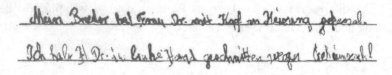

Abb. 14: Beispiel aus Text 12

Die nachfolgende Grafik stellt die Verteilung der beschriebenen Typen im Korpus dar:

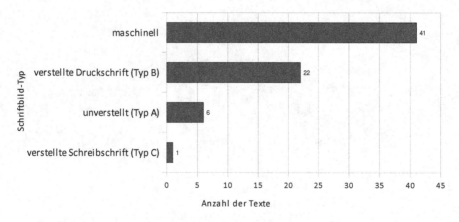

Abb. 15: Schriftbilder

Die Mehrzahl der Texte wurde maschinell verfasst (59%), auf die handschriftlichen Texte entfallen insgesamt 41%. Die drei Typen der Handschriftbilder sind im Korpus wie folgt verteilt:

Nur ein Fall wurde gefunden, bei dem trotz Schreibschrift versucht wurde, das Schriftbild in die Verstellungsstrategie mit einzubeziehen (Typ C). Die Anzahl der verstellten

38

Druckschriften (Typ B) liegt hingegen bei 22 Texten (31%). Unverstellt (Typ A) wirken die Schriftbilder der Texte, die von Hand geschrieben wurden, nur in 6 Fällen (9%).

6.1.2.2 Textgestaltung

Die Textmenge der inkriminierten Schreiben des Datenkorpus variiert sehr stark. Die Seitenanzahl der Schreiben gibt ein recht homogenes Bild mit einzelnen Ausreißern ab, wie das nachfolgende Diagramm zeigt:

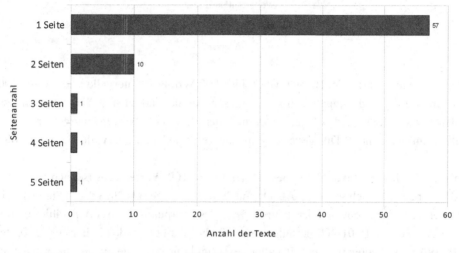

Abb. 16: Seitenanzahl

Der Großteil der Texte (81%) besteht aus einer Textseite, schon deutlich weniger (14%) aus zwei Seiten. Hinzu kommen drei Einzelfälle, die jeweils drei, vier und fünf Textseiten haben.

Die Menge der Wörter, aus denen die Texte bestehen, zeigt ein deutlich heterogeneres Bild: Sie variiert zwischen dem kürzesten Text mit nur 8 Wörtern auf einer Textseite und dem längsten Text mit 2004 Wörtern auf vier Textseiten. Der Mittelwert beträgt 181,38 und zeigt, dass die Mehrzahl der Ergebnisse im unteren Bereich des gesamten Intervalls angesiedelt ist. Um diesen Mittelwert streuen die Werte mit einer Standardabweichung von 303,3. Dieser hohe Wert verdeutlicht, wie heterogen die Ergebnisse sind.
Die nachfolgende Grafik stellt die Verteilung der Wortanzahl in den Texten des Datenkorpus dar:

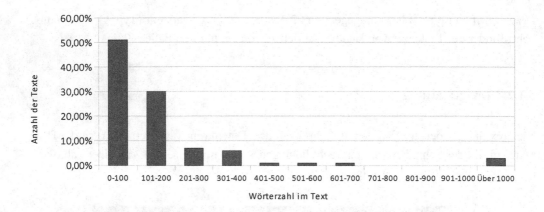

Abb. 17: Wörterzahl

Die Wörtermengen wurden im Bereich von 0 bis 1000 Wörter in Intervalle von jeweils 100 Wörtern unterteilt, da die meisten Texte in diesen Bereich fallen und die Verteilung so differenziert dargestellt werden kann. Texte mit mehr als 1000 Wörtern wurden in einem Intervall zusammengefasst. Die Verteilung auf die verschiedenen Intervalle sieht wie folgt aus:

Mehr als die Hälfte der Texte (51%) besteht aus bis zu 100 Wörtern, im Bereich von 101-200 Wörtern befinden sich weitere 30%. Das heißt, dass weniger als 20% der Texte mehr als 200 Wörter umfassen, obwohl der längste Text des Korpus 2004 Wörter zählt. In die Intervalle 201-300 und 301-400 entfallen mit 7% und 6% bereits deutlich weniger Texte. Über 400 Wörter enthalten nur noch 5% aller Texte, und nur 3% bestehen aus mehr als 1000 Wörtern.

Insgesamt lässt sich also festhalten, dass mit über 80% der Großteil der Texte in den Bereich bis 200 Wörter fällt. Der Bereich 201-400 Wörter ist mit 13% bereits deutlich schwächer vertreten. Texte mit mehr als 400 Wörtern sind nur vereinzelt im Korpus enthalten.

Diesen Daten soll nun ein Referenzkorpus gegenübergestellt werden, um zu überprüfen, inwieweit die Verteilung der Textmengen damit zusammenhängt, dass es sich im Datenkorpus der vorliegenden Arbeit um Texte mit sprachlicher Verstellung handelt. Hierfür wurden vom BKA die Daten zur Textmenge aller im Jahr 2008 linguistisch analysierten inkriminierten Schreiben zur Verfügung gestellt – d.h. sowohl der Schreiben mit als auch ohne sprachliche Verstellung. Diese Daten wurden denselben Intervallen zugeordnet, die bereits bei dem oben abgebildeten Diagramm gewählt wurden.

Die Wörterzahlen im Referenzkorpus liegen zwischen 22 und 3008 Wörtern bei einem Mittelwert von 297,2 und einer Standardabweichung von 435,0. Das Intervall ist also größer, und Mittelwert und Standardabweichung nehmen einen höheren Wert an als beim Korpus der vorliegenden Arbeit.

In dem folgenden Diagramm werden die intervallskalierten Daten zur Textmenge des Korpus dieser Arbeit und des Referenzkorpus zum Vergleich nebeneinander abgebildet:

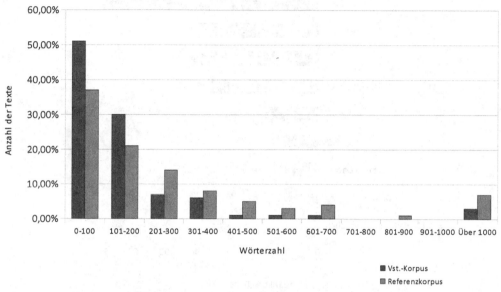

Abb. 18: Vergleich der Wörteranzahl mit dem Referenzkorpus

Auch beim Referenzkorpus sind Texte mit bis zu 100 Wörtern am häufigsten (37%), und die Textanzahl in den einzelnen Intervallen nimmt insgesamt mit wachsender Wörtermenge ab. Der Unterschied besteht jedoch darin, dass auf die ersten beiden Intervalle (0-100 und 101-200) ein deutlich höherer Anteil der Texte des Korpus mit verstellten Texten als der Texte des Referenzkorpus entfällt und sich dieses Verhältnis ab dem dritten Intervall umkehrt. So entfallen z.B. auf das erste Intervall mit 0-100 Wörtern pro Text 51% des Korpus mit verstellten Texten und nur 37% des Referenzkorpus. Dem letzten Intervall mit über 1000 Wörtern lassen sich hingegen 7% des Referenzkorpus zuordnen und nur 3% des Datenkorpus der vorliegenden Arbeit. Der prozentuale Anteil kurzer Texte ist demnach im Korpus mit verstellten Schreiben höher und der langer Texte geringer als im Referenzkorpus.

Neben der Textmenge liefert auch das Vorkommen verschiedener Textteile interessante Ergebnisse. Die Texte weisen unterschiedlichste Zusammensetzungen der möglichen Textteile auf. So gibt es z.B. 12 Schreiben (17%), die nur aus einem Textteil bestehen, und die demnach keine Anrede, keine Grußformel, kein Datum o.ä. beinhalten. Auf der anderen

Seite gibt es jedoch auch 20 Texte (29%), die aus einer Anrede, dem Text, einer Grußformel und einer Unterzeichnung bestehen.

In der nachfolgenden Tabelle sind die verschiedenen Textteile, die in den untersuchten Schreiben vorkommen, aufgelistet sowie die Häufigkeit, mit der sie auftreten, dargestellt:

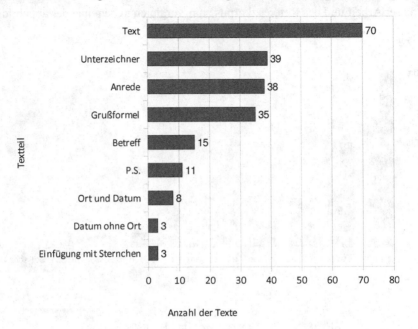

Abb. 19: Textteile

Die Gliederung der Texte reicht von sehr klar gegliedert bis hin zu sehr unstrukturiert. Hierbei wurden z.B. folgende Teilmerkmale des Umrisses des Druck- bzw. Schriftbildes berücksichtigt: Absatzstruktur, Satzspiegel, spezielle Formen der Zeilengestaltung sowie graphische Konfigurationen (vgl. Fleischer/Michel/Starke 1993: 234-247).

Unter einem Absatz wird hierbei „eine Einheit der inhaltlichen Textorganisation" verstanden, bei der es sich „um eine Gliederungsform geschriebener (gedruckter) Texte" handelt, die „entscheidend durch Kommunikationsbereich und Textsorte beeinflußt" wird (Fleischer/Michel/Starke 1993: 234).

Hier folgen nun einige Beispiele zur Veranschaulichung:

Abbildung 20 zeigt einen Text, der keinerlei Gliederung aufweist. Verstärkt wird dies auch noch durch die fehlende Interpunktion und die Tatsache, dass der Text bis auf den ersten Buchstaben des Textes ausschließlich in Kleinbuchstaben geschrieben ist:

Lesse die brief wenn polizeieinschallte dann könnte sohn vergißt wenn sohne helfen wolt dann bezahlet eigentlich wollten wir warten bise da   von knaste wieder raus ist aber wier brauchen nur das gelde dass er uns schultet 30000 wier haben ihn geld gezahlet und er zahlt nichte zurück schon seite längere wier haben genug gewamt ihn alles war egal sogar in seiner haus wir habben einbruch und warnunge aber dasse auch egal ihm war wir haben ihm sogar krankenhaus reife gemacht das ihm auch egal auch als wir machen die in knast hat er nicht geglauben nun ist er unschuldig in knast es war leicht die arschlocher von polizei auf   zu bringen hat uns zwar geld gekosten aber unse verarschen niemand wir wissen ihn hatt viel geld und alle eltern helfen den kinder das ihre auch weißt dass wir diese sinde was das alles gemacht habene hier eine kleine beweise gehe internete

benutzername   passwort   da seht ihr was wir allese der scheise polizei geschriebene habehe ha ha ha wir fahren nun urlaub und wenn wir wieter kommen wolen wir unsere gelde habe wenn scheise polizei das einschaltene wir dase marken dann könnt ihr alles vergessen wenn bezahle die schulden von sohn wir geben euch beweiße für unschult von sohn beweise für unschuld von sohn iste viedo von richtige anzunder und da laptop keine polizei viva la revulution ende

Abb. 20: Beispiel aus Text 31

Bei dem zweiten Beispiel handelt es sich um ein Schreiben, das auch ausschließlich aus dem Textteil besteht und ebenfalls keinerlei Interpunktion aufweist. Es wurde jedoch eine Gliederung erreicht, indem mit jedem neuen Satz eine neue Zeile begonnen wurde:

NUN ICH KENNE VON IHRHE ADRESSE
PRIVATE UND KONSULAT ·
ICH WEIS IHRHE PROBLEM MIT ▬▬▬▬
SCHICKEN SIE MIT DICKE UMSCHLAG FUNFTAUENT
EURO GROSE BANKNOTEN AN ADRESE

▬▬▬   ▬▬▬▬▬   ▬▬▬▬

DIES NICHT ECHTE NAME ICH NICHT DUMM

BRIEF SOLL KOMMEN BIS FREITAG SONST ICH
GEBE IHR ADRESE FUR ▬▬▬▬ UND VIELLEICHT

ANDERE PROBLEM

BRIEF DARF NICHT REGISTRIREN UND NICHT
DURCHSEHEN
KEINE POLIZEI UND NICHT BEOBACHTEN
ADRESE

Abb. 21: Beispiel aus Text 22/1

Die folgenden drei Beispiele stammen aus einer Textserie. Das erste Beispielschreiben der Serie ist mit 8 Wörtern der Text mit der geringsten Wortanzahl des Datenkorpus. Dennoch enthält er zusätzlich zum Textteil – auch wenn dieser nur aus einem Satz besteht – eine Anrede und bedeckt eine ganze Din A4-Seite:

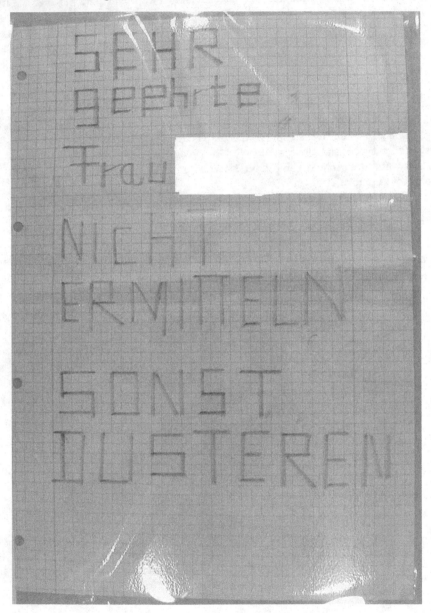

Abb. 22: Beispiel aus Text 16/3

Der zweite Beispieltext aus dieser Serie beinhaltet hingegen nicht nur den Textteil und eine Anrede, sondern auch eine Grußformel und eine Unterzeichnung. Darüber hinaus ist er übersichtlich gegliedert:

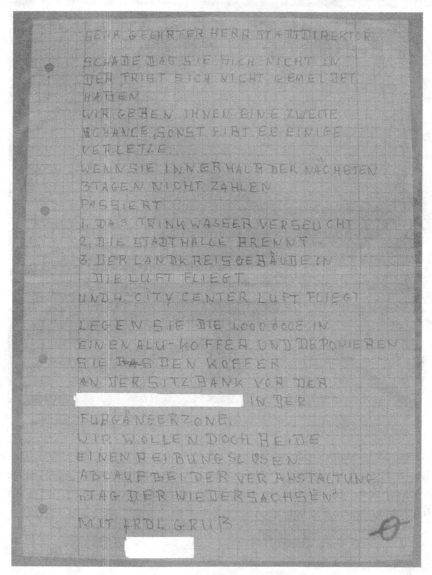

Abb. 23: Beispiel aus Text 16/6

Das letzte Beispiel aus dieser Serie umfasst einen Betreff, Ort und Datum, eine Anrede, den Textteil, eine Grußformel und auch eine Anschrift. Insgesamt ist der Text wie ein Geschäftsbrief aufgemacht, der einzige gestalterische Fehler ist, dass Ort und Datum auf einer Höhe mit dem Betreff stehen. Kurios ist allerdings, dass dieses auf Geschäftsbrief getrimmte Schreiben auf eine karierte Ringbucheinlage mit Korrekturrand gedruckt wurde:

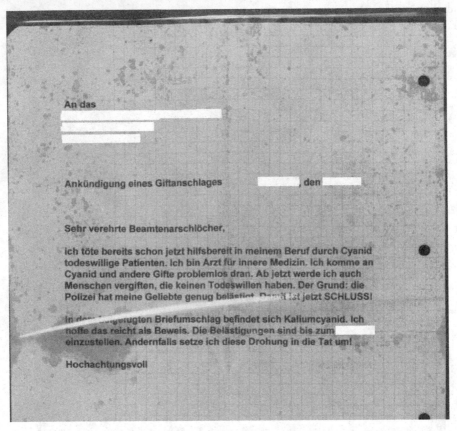

An das

Ankündigung eines Giftanschlages   , den

Sehr verehrte Beamtenarschlöcher,

ich töte bereits schon jetzt hilfsbereit in meinem Beruf durch Cyanid todeswillige Patienten. Ich bin Arzt für innere Medizin. Ich komme an Cyanid und andere Gifte problemlos dran. Ab jetzt werde ich auch Menschen vergiften, die keinen Todeswillen haben. Der Grund: die Polizei hat meine Geliebte genug belästigt. Damit ist jetzt SCHLUSS!

In dem beigefügten Briefumschlag befindet sich Kaliumcyanid. Ich hoffe das reicht als Beweis. Die Belästigungen sind bis zum einzustellen. Andernfalls setze ich diese Drohung in die Tat um!

Hochachtungsvoll

Abb. 24: Beispiel aus Text 16/16

Bei Abbildung 25 handelt es sich wieder um ein Beispiel aus einem Einzeltext. Die Seite enthält Gendersymbole, Pfeile und ein Hakenkreuz. Zeilen sind teilweise sinnlos eingerückt oder quer an den Rand geschrieben. Es wirkt insgesamt sehr unstrukturiert, das Schriftbild und der Inhalt tragen ihren Teil bei:

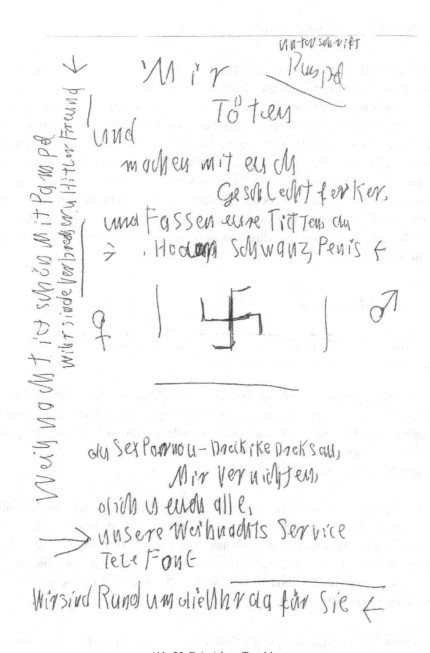

Abb. 25: Beispiel aus Text 14

Diese Beispiele zeigen, dass die Gestaltung der untersuchten Texte überaus vielseitig und teilweise durchaus sehr konträr ist.

6.1.3 Orthographie und Interpunktion

Im Bereich der Orthographie und Interpunktion fällt bei den Texten des Datenkorpus auf, dass diese sprachlichen Ebenen in vielen Fällen zur Verstellung genutzt, jedoch häufig nicht sinnvoll durch eine Fehleranalyse untersucht werden können, sondern besser als Stilmerkmal begriffen werden. Wenn ein Text z.B. keinerlei Zeichensetzung aufweist, ist es sinnvoll, dies als Stilmerkmal des Textes in die Analyse mit einzubeziehen. Es macht jedoch keinen Sinn, jedes fehlende Zeichen als Fehler in die Fehleranalyse aufzunehmen. Im Bereich der Orthographie bietet sich ein ähnliches Vorgehen bei der Groß-/Kleinschreibung an, da auch diese häufig als Stilmerkmal zielführender untersucht werden kann, z.B. bei Texten, die ausschließlich aus Großbuchstaben bestehen. Deshalb werden in den beiden folgenden Kapiteln die Groß-/Kleinschreibung sowie die Interpunktion als Stilmerkmale in den Texten untersucht.

6.1.3.1 Groß-/Kleinschreibung

Die Groß-/Kleinschreibung ist als Stilmerkmal bei der Textproduktion durchaus bekannt. Fleischer/Michel/Starke schreiben hierzu:

> „Die orthographische Norm des Deutschen mit obligatorischer Großschreibung der Substantive und onymischen Wortgruppen verringert die Möglichkeiten stilistischer Ausnutzung der Groß- und Kleinschreibung innerhalb eines Textes. In gewissen Grenzen werden sie dennoch gesucht, vor allem in belletristischen Texten."
> (Fleischer/Michel/Starke 1993: 236)

Genannt werden die „radikale Kleinschreibung" (alles klein), die „radikale Großschreibung" (Wörter beginnen alle groß, gehen aber klein weiter) und Variationen wie z.B. die Großschreibung eines einzelnen Buchstaben innerhalb eines Wortes. Ähnliche Schreibungen finden sich auch außerhalb der Belletristik und Poesie, z.B. bei „Komprimierungen der Formen für männliche und weibliche Personen" (BürgerInnen) (vgl. Fleischer/Michel/Starke 1993: 237).

Im Datenkorpus der vorliegenden Arbeit finden sich bei der Groß-/Kleinschreibung – im Folgenden auch mit GKS abgekürzt – vier unterschiedliche Ausprägungen:
   a) ausschließlich Großbuchstaben
   b) ausschließlich Kleinbuchstaben
   c) korrekte GKS
   d) fehlerhafte GKS

Diese vier Ausprägungen kommen in den untersuchten Texten in ihren „reinen" Formen vor, es finden sich beispielsweise Texte, in denen ausschließlich Großbuchstaben verwendet werden. Es kommen jedoch auch unterschiedliche Mischformen vor, es gibt beispielsweise Texte, die sowohl aus Absätzen bestehen, die gänzlich in Großbuchstaben geschrieben sind, als auch aus Absätzen, die in korrekter Groß-/Kleinschreibung geschrieben sind.

Insgesamt lassen sich so 9 unterschiedliche Formen/Kombinationen im Datenkorpus finden. Diese sehen wie folgt aus:

Typ 1: ausschließlich Großbuchstaben

Diese Texte bestehen ausschließlich aus Großbuchstaben.

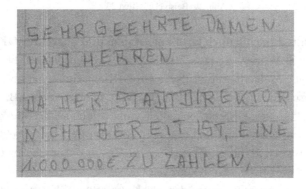

Abb. 26: Beispiel aus Text 16/10

Typ 2: ausschließlich Kleinbuchstaben

Diese Texte bestehen ausschießlich aus Kleinbuchstaben.

```
danach fuhr er in den urlaub. seine fräu weis nichts er ha.!! sie
schon forher weggebracht. ein täter der bei dem einbruch dabei
war heist ████ ████.die gestohlen gegenstände porsche usw.
befinden sich in polen. die anlage musik war alt und kaput.
```

Abb. 27: Beispiel aus Text 7

Typ 3: korrekte Groß-/Kleinschreibung

Es gibt nur vereinzelte Fehler in der Groß-/Kleinschreibung, überwiegend wurden die Regeln der deutschen Groß-/Kleinschreibung korrekt umgesetzt.

Hier als Beispiel ein Ausschnitt, in dem sich kein Fehler in der Groß-/Kleinschreibung findet:

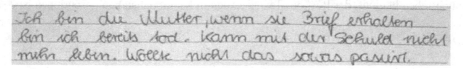

Abb. 28: Beispiel aus Text 24/1

Typ 4: fehlerhafte Groß-/Kleinschreibung

Es gibt zahlreiche Fehler in der Groß-/Kleinschreibung, die Regeln der deutschen Groß-/Kleinschreibung wurden in vielen Fällen nicht korrekt umgesetzt.

Abb. 29: Beispiel aus Text 23

Typ 5: Mischform aus ausschließlich Großbuchstaben und korrekter GKS

Im Text gibt es sowohl Wörter, die ausschließlich aus Großbuchstaben bestehen, als auch Wörter, bei denen die regelkonforme deutsche Groß-/Kleinschreibung angewendet wurde. Hierbei gibt es verschiedene Realisierungen. Im Text können sich z.B. Abschnitte mit Großschreibung und korrekter GKS abwechseln. Es gibt jedoch auch Texte, die insgesamt in Großbuchstaben geschrieben sind und nur einzelne Wörter in korrekter GKS, oder umgekehrt. Beispielsweise gibt es Texte, bei denen die Anrede in Großbuchstaben geschrieben ist und der restliche Text in korrekter GKS.

Hier als Beispiel ein Ausschnitt, in dem sich korrekte GKS und Großschreibung abwechseln:

DAS GELD MÖCHTE ICH IM ZOO NEBEN DEN TIGERKÄFIG HABEN und keine Polizei sollte das sein ist mein Kumpel bereit ▇▇▇ VATER Leider ZUERSCHIESSEN!!!! DESHALB ERFÜLLT UNSERE ANFORDERUNGEN!!!

Abb. 30: Beispiel aus Text 9

Typ 6: Mischform aus ausschließlich Kleinbuchstaben und korrekter GKS

Im Text gibt es sowohl Wörter, die ausschließlich aus Kleinbuchstaben bestehen, als auch Wörter, bei denen die regelkonforme deutsche Groß-/Kleinschreibung angewendet wurde. Ebenso wie bei Typ 5 finden sich hier unterschiedliche Realisierungen. Hier als Beispiel ein Ausschnitt, bei dem die Satzanfänge immer korrekt mit einem Großbuchstaben begonnen wurden und nach Geldbeträgen die Währungsangabe „Euro" auch korrekt mit einem Großbuchstaben beginnt, der Rest des Textes jedoch in Kleinbuchstaben geschrieben ist:

Freunde von rumänischen opera noch suchen sänger in knabenchor. Wenn du nicht wollen zahlen 850 000 Euro an frau dann du kannst singen. Du zaalen bis

Abb. 31: Beispiel aus Text 30

Typ 7: Mischform aus ausschließlich Großbuchstaben und fehlerhafter GKS

Im Text gibt es sowohl Wörter, die ausschließlich aus Großbuchstaben bestehen, als auch Wörter mit fehlerhafter GKS.

Hier als Beispiel ein Ausschnitt, der bis auf den letzten Absatz in fehlerhafter GKS geschrieben ist, aber eine Abkürzung und ein Wort mitten im Text in Großbuchstaben enthält:

4. Wir haben dir trotzdem eine CHANC gegeben
dein sohn wollte das .und dich und den anderen
haben wir dann eingeladen.
Wir haben euch gewarnd und eine nachrischt
geschickt. wir beobachten die famiele in
NR.11 auch .Wir wissen was du machst und

Abb. 32: Beispiel aus Text 15

Typ 8: Großbuchstaben, jedoch einzelne Kleinbuchstaben

Es handelt sich um Texte, die in Großbuchstaben geschrieben sind, jedoch vereinzelte Kleinbuchstaben enthalten. Oft handelt es sich nur um wenige, manchmal sogar nur einen Buchstaben.

Hier als Beispiel ein Ausschnitt, der ausschließlich aus Großbuchstaben besteht, aber bei dem in einem einzigen Wort drei kleingeschriebene Buchstaben auftauchen:

ODER SÄURE IN HAARSAMPO, BEI
WASCHEN HAT .MAN EINEN GUTEN
BLICK ODER IN Jogurt. UND
IMMER SO WEITER.

Abb. 33: Beispiel aus Text 3/3

Typ 9: Kleinbuchstaben, jedoch der erste Buchstabe des Textes ist ein Großbuchstabe

In diesen Texten ist der erste Buchstabe ein Großbuchstabe, alle anderen Buchstaben sind Kleinbuchstaben.

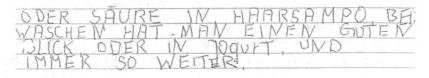

Lesse die brief wenn polizeieinschallte dann könnte sohn vergißt wenn sohne helfen wolt dann bezahlet eigentlich wollten wir warten bise da   von knaste wieder raus ist aber wier brauchen nur das gelde dass er uns schultet 30000 wier haben ihn geld gezahlet und er

Abb. 34: Beispiel aus Text 31

Die folgende Grafik stellt die Häufigkeit dar, mit der die beschriebenen Typen im Korpus auftreten:

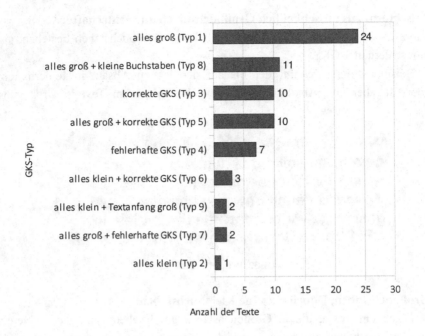

Abb. 35: Groß-/Kleinschreibung (GKS)

Die größte Klasse bilden mit 34% die Texte, die ausschließlich aus Großbuchstaben bestehen. Außerdem häufig vertreten sind Texte, die in Großbuchstaben geschrieben sind und dabei vereinzelte Kleinbuchstaben enthalten (16%), sowie Texte mit korrekter GKS (14%) und Texte, bei denen sich Großschreibung und korrekte GKS abwechseln (14%).

Auffällig ist, dass die durchgängig korrekte oder durchgängig fehlerhafte GKS (14% und 10%) zusammen nur ein Viertel der Texte ausmachen. In der Mehrzahl der Texte (76%) wird demzufolge eine durchgängige Groß- oder Kleinschreibung verwendet – entweder in Rein- oder in Mischform. Interessant ist auch, dass die vollständig korrekte Groß-/Kleinschreibung mit 14% nur Platz drei belegt.

6.1.3.2 Interpunktion

Unter Interpunktion versteht man im Deutschen hauptsächlich die „graphische Markierung syntaktischer Einheiten" (Fleischer/Michel/Starke 1993: 239), die für die verschiedenen Satzzeichen unterschiedlich stark normiert ist. Ebenso wie die Groß-/Kleinschreibung ist auch das vollständige Fehlen von Interpunktion als Stilmerkmal bekannt, z.B. bei modernen Gedichten (vgl. Fleischer/Michel/Starke 1993: 240).

Die Analyse der Interpunktion im Datenkorpus der vorliegenden Arbeit hat sechs unterschiedliche Ausprägungen zum Ergebnis. Bis auf zwei Texte weisen alle Schreiben des Datenkorpus eine dieser Ausprägungen in ihrer „reinen" Form auf. In den zwei verbleibenden Texten finden sich zwei Mischformen aus diesen 6 Ausprägungen.

Typ 1: korrekte Zeichensetzung

Der Text weist keine Zeichensetzungsfehler auf.

So wurden im folgenden Beispiel sowohl Kommata und Punkte als auch Doppelpunkt und Ausrufezeichen korrekt verwendet:

Sehr verehrte Beamtenarschlöcher,

ich töte bereits schon jetzt hilfsbereit in meinem Beruf durch Cyanid todeswillige Patienten. Ich bin Arzt für innere Medizin. Ich komme an Cyanid und andere Gifte problemlos dran. Ab jetzt werde ich auch Menschen vergiften, die keinen Todeswillen haben. Der Grund: die Polizei hat meine Geliebte genug beläst... **ist jetzt SCHLUSS!**

Abb. 36: Beispiel aus Text 16/16

Typ 2: überwiegend korrekte Zeichensetzung

Der Text enthält nur vereinzelte Zeichensetzungsfehler.

Der folgende Ausschnitt weist beispielsweise bis auf zwei fehlende Kommata eine korrekte Zeichensetzung auf:

Die Sachlage ist sehr ernst. Wo er hier in der Stadt wohnt ist bekannt. In dieser Angelegenheit machen wir keinen Spaß. Die Ordnungshüter können Sie natürlich mit einschalten. Das wird nichts bringen, denn wenn wir zuschlagen kommt   für immer auf den Cimetière und bleibt auch da.

Abb. 37: Beispiel aus Text 28/1

Typ 3: fehlerhafte Zeichensetzung

Der Text enthält eine Vielzahl an Zeichensetzungsfehlern.

Als Beispiel hier ein Ausschnitt, der u.a. folgende Interpunktionsfehler enthält: In der Anrede wurde vor dem Namen des Empfängers ein Doppelpunkt eingefügt, und auch innerhalb eines Satzes wurde ein normwidriger Doppelpunkt gesetzt. Des Weiteren fehlt ein Satzabschlusszeichen:

Liebe. Herr: _____

Du hast 4 Wochen Zeit, wir planen für dich eine Bombe: oder wir bringen dich um wenn du nicht uns mit 50 000 € hilfst passe auf.

Abb. 38: Beispiel aus Text 13

Typ 4: keine Zeichensetzung

In dem Text wurde keinerlei Interpunktion verwendet.

DIES NICHT ECHTE NAME ICH NICHT DUMM

BRIEF SOLL KOMMEN BIS FREITAG SONST ICH

GEBE IHR ADRESE FUR _____ UND VIELEICHT

ANDERE PROBLEM

Abb. 39: Beispiel aus Text 22/1

Typ 5: keine Kommata (ansonsten korrekte Interpunktion)

Es wurden keine Kommata gesetzt, ansonsten ist die Zeichensetzung jedoch (überwiegend) korrekt.

Im folgenden Beispiel wurden alle Satzenden normgerecht mit Punkten markiert, innerhalb der Sätze wurden jedoch keine Kommata gesetzt:

IN NÄCHTEN TAGEN UND SICHER LANGFRISTIG ROLLENDER ANGRIFF

GEGEN   LEBENSMITELLN BEGINNEN WERDEN. SO LANG DIE ACTIE

NICHT 25% IM WERTSINKEN SIND WIR FEST ENTSCHLOSSEN ALLE MITTEL ZU

BENÜTZEN BIS UNSERE ZIEL ERREICHEN. DER ZWECK HEILLIGT DIE MITTEL.

Abb. 40: Beispiel aus Text 27/15

Typ 6: keine Kommata und auch sonst fehlerhafte Zeichensetzung

Auch bei diesem Typ wurden keine Kommata gesetzt, im Gegensatz zu Typ 5 ist die Zeichensetzung darüberhinaus jedoch nicht korrekt, sondern fehlerhaft.

Der Beispielausschnitt weist fehlende Kommata auf und enthält zusätzlich Ausrufezeichen mitten in einem Satz:

```
HEUTE WENN IHR DIESEN BRIEF BEKOMMT !!!!!

GEHT UM GENAU UM  25.06.2002 um 13:00 UHR

ORTSZEIT  WENN DAS DEUTSCHETEAM SPIELT EINE BOMBE LOS !!!!
```

Abb. 41: Beispiel aus Text 9

Die Interpunktion in den zwei Texten mit Mischformen sieht wie folgt aus:

Mischform 1: abwechselnd keine Zeichensetzung sowie korrekte Zeichensetzung

Dieser Text beginnt ohne jegliche Interpunktion und endet mit korrekter Zeichensetzung. Hier Abbildungen vom Anfang des Textes ohne Zeichensetzung und ein mit Sternchen markierter Einschub vom Ende des Textes mit korrekt gesetzten Kommata.

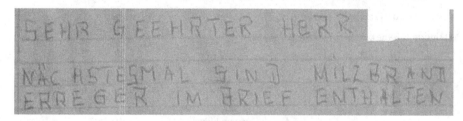

Abb. 42: Beispiel aus Text 16/13

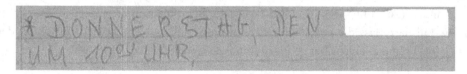

Abb. 43: Beispiel aus Text 16/13

Mischform 2: abwechselnd keine Kommata sowie korrekte Zeichensetzung

Die ersten Sätze dieses Textes sind alle korrekt mit Punkten beendet, Kommata fehlen allerdings. Am Ende des Textes werden dann jedoch Kommata gesetzt. Hier zwei Abbildungen zur Illustration:

Freunde von rumänischen opera noch suchen sänger in knabenchor. Wenn du nicht wollen zahlen 850 000 Euro an frau dann du kannst singen. Du zaalen bis

Abb. 44: Beispiel aus Text 30

Leben ist schön, nicht schon, wen du nich zeigen herz.

Abb. 45: Beispiel aus Text 30

Die folgende Grafik stellt die Häufigkeit dar, mit der die beschriebenen Typen im Korpus auftreten:

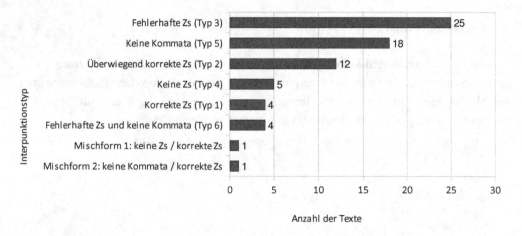

Abb. 46: Interpunktion

Am häufigsten ist mit 36% die fehlerhafte Zeichensetzung (Typ 3). Ihr folgen die Texte ohne Kommata (26%) und die Texte, bei denen die Interpunktion überwiegend korrekt ist (17%). Es fällt auf, dass die vollständig korrekte Verwendung (Typ 1) ähnlich wie bei der Groß-/Kleinschreibung einen eher geringen Anteil ausmacht (6%).

6.1.4 Lexik

6.1.4.1 Fachsprache

In vier Texten des Datenkorpus (6%) wird Fachvokabular verwendet. Unter Fachsprache wird Folgendes verstanden:

„Fachsprache – das ist die Gesamtheit aller sprachlichen Mittel, die in einem fachlich begrenzbaren Kommunikationsbereich verwendet werden, um die Verständigung zwischen den in diesem Bereich tätigen Menschen zu gewährleisten"
(Hoffmann 1976: 170)

Fachwortschätze sind nicht homogen, sondern unterscheiden sich durch den Grad der Distanziertheit ihrer Elemente von der Allgemeinsprache. Somit können Abstufungen z.B. in Fachtermini und Halbtermini vorgenommen werden (vgl. Fleischer, Michel, Starke 1993: 111-112). Im Rahmen der vorliegenden Untersuchung wird auf eine solche Differenzierung verzichtet, da sie dem Datenmaterial nicht angemessen erscheint. Es wird lediglich zwischen Allgemeinsprache und Fachsprache unterschieden.

Die ersten beiden Texte, die Fachvokabular enthalten, stammen aus einer Briefserie und wurden von derselben Person geschrieben. Sie drohen beide mit Vergiftung, sind allerdings an ganz unterschiedliche Adressaten gerichtet. Der zweite der beiden Texte wurde bereits im Kapitel zu den inhaltlichen Verstellungshinweisen besprochen, da er die Behauptung enthält, dass der Autor Arzt für innere Medizin ist. Hier nun Abbildungen der Passagen mit Fachvokabular:

Abb. 47: Beispiel aus Text 16/15

ich töte bereits schon jetzt hilfsbereit in meinem Beruf durch Cyanid todeswillige Patienten. Ich bin Arzt für innere Medizin. Ich komme an Cyanid und andere Gifte problemlos dran. Ab jetzt werde ich auch Menschen vergiften, die keinen Todeswillen haben. Der Grund: die Polizei hat meine Geliebte genug beläst... D... ist jetzt SCHLUSS!

In d... ...ugten Briefumschlag befindet sich Kaliumcyanid. Ich hoffe das reicht als Beweis. Die Belästigungen sind bis zum [   ] einzustellen. Andernfalls setze ich diese Drohung in die Tat um!

Abb. 48: Beispiel aus Text 16/16

Im dritten Text mit Fachvokabular wird beschrieben, wie eine Glühbirne präpariert wird, damit sie beim Einschalten des Lichts explodiert. Hier wieder eine Abbildung der entsprechenden Passage:

> Wir würden uns den bei ihnen melden. Sollte Polizei auftauchen, wird es "bumm" machen. Vorschlag (Nicht mehr praktikabel aber da wo das herkommt, gibts noch mehr) in einer uralten Glühbirne, die noch geht wird vorsichtig das Glas unten rausgeschnitten, im Glas kommt Schwarzpulver rein u. das Glas wird wieder raufgeschraubt u. an der Zimmerlampe geschraubt. Wenn nun jemand den raum betritt, schaltet er das Licht an, die Glühfaeden entzuenden das Schwarzpulver u. zusammen mit den Glassplittern gibts stimmung...

Abb. 49: Beispiel aus Text 17

Der letzte Text, in dem sich Fachvokabular finden lässt, ist auch wieder ein Text, der einen inhaltlichen Verstellungshinweis enthält. Es handelt sich um den Text, dessen Autor vorgibt, in der Mikrobiologie gearbeitet zu haben. Ein Absatz am Anfang und ein Absatz am Ende des Textes enthalten das Fachvokabular. Hier Abbildungen der entsprechenden Absätze:

> Dass in den Backpulver-Tütchen nur Tinte war, werden Sie sicher festgestellt haben. Aber ich habe mal in der Mikrobiologie gearbeitet und werde beim nächsten Mal keinen Spaß mehr machen.
> Wie wäre es mit echter Blausäure in einem Mandelprodukt, Aflatoxin in Erdnüssen oder Clostridium botulinum in der Leberwurst, u.s.w.? Die Natur ist ja so genial – auch in Bezug auf natürtlich vorkommende Gifte!

Abb. 50: Beispiel aus Text 18

> Wenn die ■-Mitarbeiterin verfolgt wird oder an den Kontrollpunkten irgendwelche Gestalten rumhängen, werde ich nicht zur Übergabe erscheinen und ich werde meine Clostridium botulinum - Kultur zum Einsatz bringen!

Abb. 51: Beispiel aus Text 18

Insgesamt machen die Texte, in denen Fachvokabular vorkommt, mit vier Schreiben in einem Datenkorpus aus 70 Texten nur einen sehr geringen Teil aus (6%). In allen Fällen wird Fachvokabular im Zusammenhang mit chemischen Stoffen und/oder Reaktionen verwendet, die Vergiftungen/Verletzungen zur Folge haben: In den Texten 16/15, 16/16 und 18 wird mit Vergiftung gedroht, entweder in Bezug auf die Wasserversorgung der Stadt unter Verwendung von Blausäure oder in Bezug auf die Tätigkeit als Arzt mit Hilfe von Cyanid bzw. Kaliumcyanid sowie durch das Versetzen von Lebensmitteln mit Blausäure, Aflatoxin und Clostridium botulinum. In Text 17 wird gedroht, Schwarzpulver in einer Glühbirne zu nutzen, um beim Einschalten durch den Kontakt mit den Glühfäden eine Explosion auszulösen.

6.1.4.2 Register

Das Datenkorpus wird des Weiteren daraufhin untersucht, welche Register in den verschiedenen inkriminierten Texten verwendet wurden. Unter Register wird Folgendes verstanden:

> "(...) a variety according to use; a register is what you speak at the time, depending on what you are and the nature of the activity in which the language is functioning. (…) What is actually taking place, who is taking part and what part the language is playing. These three variables (…) determine the 'register'."
> (Halliday 1978: 110ff.)

Die Unterteilung in die verschiedenen Register in der vorliegenden Arbeit ist an den Gemeinsamen Europäischen Referenzrahmen für Sprachen (GER) angelehnt. Dieser kann wie folgt beschrieben werden:

> „Der Gemeinsame europäische *Referenzrahmen* stellt eine gemeinsame Basis dar für die Entwicklung von zielsprachlichen Lehrplänen, curricularen Richtlinien, Prüfungen, Lehrwerken usw. in ganz Europa. Er beschreibt umfassend, was Lernende zu tun lernen müssen, um eine Sprache für kommunikative Zwecke zu benutzen, und welche Kenntnisse und Fertigkeiten sie entwickeln müssen, um in der Lage zu sein, kommunikativ erfolgreich zu handeln. Die Beschreibung deckt auch den kulturellen Kontext ab, in den Sprache eingebettet ist. Der *Referenzrahmen* definiert auch Kompetenzniveaus, sodass man Lernfortschritte lebenslang und auf jeder Stufe des Lernprozesses messen kann. (…) Die taxonomische Struktur des *Referenzrahmens* bringt es   zwangsläufig mit sich, dass man versuchen muss, die große Komplexität menschlicher Sprache überschaubarer zu machen, indem man Sprachkompetenz in ihre einzelnen Komponenten aufgliedert."
> (GER 2001: Kapitel 1.1)

Das heißt, der GER gliedert Sprachkompetenz in einzelne Komponenten auf und definiert unterschiedliche Kompetenzniveaus. Die Kompetenzniveaus werden u.a. anhand der Angemessenheit und der Komplexität des Sprachgebrauchs festgesetzt. Der GER ist nicht nur dafür geeignet, Lernersprachen zu beurteilen, sondern kann auch in anderen Kontexten wie z.B. in der vorliegenden Untersuchung verwendet werden, um Angemessenheit und Komplexität von Sprachgebrauch zu bestimmen.

Zur Bestimmung von Registern verwendet der GER folgende Skala (vgl. GER 2001: Kapitel 5.2.2.1):

- formelhaft
- formell
- neutral
- informell
- freundschaftlich
- sehr vertraut

Diese Skala wird für die vorliegende Untersuchung vereinfacht in:

informell → neutral → formell

Als „informell" eingestuft werden Texte oder Textpassagen, die Indikatoren der Alltagsrede – sogenannte Kolloquialismen – enthalten. Beispiele hierfür sind neben lexisch-phraseologischen Merkmalen u.a. morphosyntaktische Eigenheiten wie Verkürzungen und Verschleifungen bei Funktionswörtern, syntaktische Ellipsen und häufige Verwendung von Abtönungs-, Grad- und Steigerungspartikeln (vgl. Fleischer, Michel, Starke 1993: 213-214).

Als „neutral" eingestuft werden Texte oder Textpassagen, in denen ein durchschnittlicher Wortschatz mit einfachen Strukturen vewendet wird, wie es in lockeren Kommunikationssituationen üblich ist.

Als „formell" eingestuft werden Texte oder Textpassagen, die einen besonders gehobenen Wortschatz und komplexe Strukturen aufweisen, wodurch sie sehr offiziell und unpersönlich wirken.

Zur Veranschaulichung einige Beispiele aus dem Datenkorpus, die den drei Kategorien wie folgt zugeordnet wurden:

1) Informell: „halt alles" (Text 15)
                 „mein Kumpel" (Text 9)
                 „DER TEUFEL IST LOS" (27/7)
2) Neutral: „Wir haben fiele meglichkeiten" (Text 30)
                 „der Brief (…) ist von uns" (Text 14)
3) Formell: „nehmen Sie unverzueglich Kontakt mit dem
                 Geschaeftsfuehrer auf" (Text 1/1)
                 „GEFAHREN MIT SICH BRINGEN" (Text 27/26)

Die nachfolgende Tabelle stellt die Verwendung der drei Register in den Texten des Datenkorpus dar:

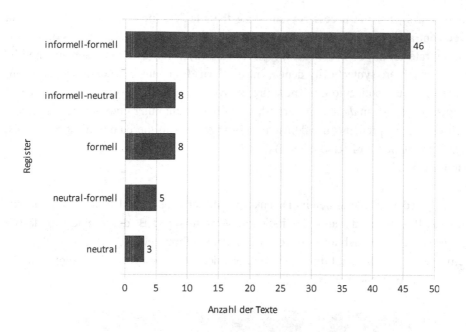

Abb. 52: Register

Auffällig ist, dass es insgesamt nur 11 Texte (16%) gibt, in denen durchgängig dasselbe Register verwendet wird. In allen übrigen 59 Texten (84%) kommen mindestens zwei unterschiedliche Register vor. Noch bemerkenswerter ist, dass in 46 Texten (66%) sogar alle drei Register abgedeckt werden.

So beginnt beispielsweise Text 8 mit einer förmlichen Anrede und einer floskelhaften Einleitung: „Sehr geehrte damen und herren, (…) unterrichte ich sie hiermit über gewisse machenschaften". Nach wenigen Sätzen verwendet der Autor jedoch bereits informelle Ausdrücke wie „ein freund (…) wurde (…) abgestochen". Die Variation des Registers durchzieht den gesamten Text, teilweise werden auch innerhalb eines Satzes verschiedene Register genutzt. Beispielsweise beginnt ein Satz in der Mitte des Textes mit „falls nichts in dieser sache (…) passiert werde ich mich an das ministerium wenden (…), da ich mir nicht vorstellen kann (...)" und endet dann deutlich informeller mit „was in der vergangenheit abgelaufen ist und nur kleine leute (…) hochgenommen wurden".

Relevant im Zusammenhang mit den Registern sind auch die Anredeformen, die in den Texten gewählt wurden. Unter Anredeformen wird Folgendes verstanden:

"Forms of address are words and phrases used for addressing. They refer to the collocutor and thus contain a strong element of deixis. Often they designate the

61

collocutor(s), but not necessarily so, since their lexical meaning can differ from or even contradict the addressee's characteristics (…) In most languages forms of address concentrate on three word classes: (1) pronoun, (2) verb, (3) noun, supplemented by words which are syntactically dependent on them. Pronouns of address are pronouns referring to the collocutor(s). These are, above all, second person pronouns such as English *you*, german *du* und *ihr*, French *tu* and *vous*. But other grammatical persons as well can act as pronouns of address if only they refer to the communication partner, e.g. German *Sie* (third person plural) (…)."
(Braun 1988: 7)

Bei der Analyse der Anredeformen im Datenkorpus dieser Arbeit wurden sowohl die direkte Nennung des Pronomens als auch die indirekte Verwendung, z.B. durch eine Anrede wie „Sehr geehrter Herr", als Gebrauch der jeweiligen Anredeform gewertet.
Die nachfolgende Tabelle zeigt die Häufigkeit, mit der die beiden deutschen Anredeformen im Datenkorpus verwendet wurden:

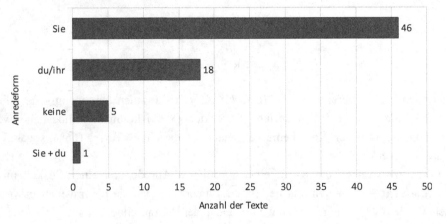

Abb. 53: Anredeformen

In der deutlichen Mehrzahl der Texte, nämlich in 46 Texten (66%), wurde die distanziertere Anredeform des Deutschen gewählt. In 18 Texten (26%) wurden die informellen Anredeformen „du" oder „ihr" verwendet, und 5 Texte (7%) wurden so neutral geschrieben, dass sie keinerlei Anredeformen enthalten. Ein Text enthält sowohl formelle als auch informelle Anredeformen. Es handelt sich hierbei um den Text, der bereits als kürzester Text des Datenkorpus vorgestellt wurde (Text 16/3): Er beginnt mit der Anrede „Sehr geehrte Frau", enthält dann jedoch in dem einzigen Satz des Textes das Anredepronomen „du".

Es folgt nun jeweils ein Beispiel für einen Text, in dem die distanziertere, die informelle oder keine Anredeform verwendet wurde:

Formelle Anredeform:

Am ████, ████ uhr müssen sie mit eine creditcart in ███ sein. Im lokal „ ███████ " ist unter dem Spühlkasten im Herrentoilete ein cartenhalter angeklebt. Dort stecken sie die carte hinein. Auf der rückseite der carte schreiben sie die pin nummer wasserfest darauf.

Abb. 54: Beispiel aus Text 21

Informelle Anredeform:

Wir hatten euch doch klar gemacht daß wir in

unserer Gemeinde kein Sodom u. Gomorra dulden

Eure Perverse Ader passt nicht in u s re Gemeinde u. Gegend

Jetzt hällt euch nichts mehr hier u. Ihr könnt Euren Sünden-

babel wo anderst vortsetzen nur nicht hier !!!!!!!!!!!!

Abb. 55: Beispiel aus Text 2

Keine Anredeform:

Die genannten Personen sollen im Auftrag einer teroristischen Organisation diese Attentat auszuüben.
Die benötigte Materiellen wurden schon zu den Attentäten schon eingeliefert und der Ort und der Zeitplan von den genannten Personen bekannt, sicherten uns die mit den Attentäten arbeitenden Informaten.

Es wird dringend gewarnt

Abb. 56: Beispiel aus Text 5

In diesem letzten Textausschnitt wird der Gebrauch von Anredeformen umgangen, u.a. durch den passivischen Ausdruck „Es wird dringend gewarnt" anstelle von Ausdrücken wie z.B. „Wir warnen euch" oder „Wir warnen Sie".

6.1.4.3 Lexikalische Komplexität

Dieses Kapitel stellt die Ergebnisse zur lexikalischen Komplexität der untersuchten Texte dar. Es wurden Umfang und Beherrschung des Wortschatzes analysiert. Dazu wurde eine Skala mit drei Ausprägungen definiert. Die Ausprägungen lauten wie folgt:

- einfach (e): Der Text weist eine sehr geringe lexikalische Komplexität auf. Es werden z.B. vereinfachte Formen wie „Krieg machen" oder „eine Frau für Geld verkaufen" verwendet.
- neutral (n): Der Text weist eine normale lexikalische Komplexität auf. Es werden keine vereinfachten Formen verwendet, es gibt jedoch auch keine Anzeichen für einen besonders reichen Wortschatz mit einer differenzierten Verwendung.
- anspruchsvoll (a): Der Text weist ein sehr großes Wortschatzspektrum mit einer durchgängig korrekten Verwendung auf.

Als entscheidend für die Zuordnung des Sprachgebrauchs in den einzelnen Texten des Datenkorpus zu den drei unterschiedlichen lexikalischen Komplexitätsgraden wurden in Anlehnung an der GER das Vorkommen sowie die korrekte Verwendung folgender Merkmale gewählt (vgl. GER 2001: Kapitel 5.2.1.1):

- Sprichwörter, Redewendungen, etc.
- Feste Wendungen: Idiome (z.B. jemandem einen Bären aufbinden), Funktionsverbgefüge (z.B. zu Ende gehen, in Betrieb nehmen), präpositionale Gefüge (z.B. mit Hilfe von, an Stelle von) sowie feste Kollokationen, die aus Wörtern bestehen, die normalerweise zusammenstehen (z.B. einen Vortrag halten, einen Fehler machen), und umgangssprachlichen Wendungen
- abgeleitete Wörter (z.B. abbrechen, sechsfach), zusammengesetzte Wörter (Zusammenbruch, Weihnachtsbaum) und komplexe Ausdrücke
- Einzelwörter (die auf einen großen Wortschatz schließen lassen)

Die nachfolgende Grafik stellt die Verwendung der drei Komplexitätsausprägungen in den Texten des Datenkorpus dar:

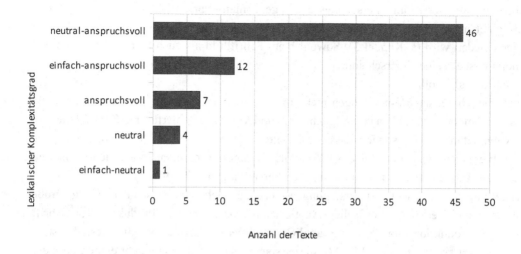

Abb. 57: Lexikalische Komplexität

Dieses Ergebnis zur lexikalischen Komplexität in den Texten ähnelt sehr dem Ergebnis zur Verwendung der unterschiedlichen Register: Es gibt auch hier insgesamt nur 11 Texte (16%), in denen durchgängig derselbe lexikalische Komplexitätsgrad vorzufinden ist, auch hier sind in 84% der Texte mindestens zwei Grade der lexikalischen Komplexität vertreten. Darüber hinaus gibt es mit 17% eine Reihe von Texten (12 Texte), in denen alle drei Grade abgedeckt werden.

6.1.5 Zusammenfassung und Interpretation der Analyseergebnisse

Die Ergebnisse der Stilanalyse lassen sich wie folgt zusammenfassen:

1) Verstellungshinweise:
In 20% der Schreiben sind inhaltliche Verstellungshinweise enthalten, die zu fast drei Viertel den Autor als Nicht-Muttersprachler des Deutschen erscheinen lassen sollen. Diese Verstellungshinweise sind entweder direkt – z.B. durch Aussagen zum Heimatland – oder indirekt – z.B. durch fremdsprachige Textteile oder Schriftzeichen. Die übrigen Verstellungshinweise beziehen sich auf den Beruf, das Alter und die linguistische Kompetenz.

2) Schriftbilder:
Die von Michel beschriebenen Unterscheidungen zwischen willkürlicher Schriftverstellung, Schriftnachahmung und anderen willkürlichen Schriftveränderungen (s. Kapitel 6.1.2.1)

scheinen mit den im Forschungsstand genannten sprachlichen Verstellungstypen vergleichbar zu sein, bei denen oftmals zwischen Verfremdung und Nachahmung unterschieden wird (s. Kapitel 3). Sowohl beim Schriftbild als auch beim Sprachgebrauch scheint deshalb eine Unterscheidung zwischen nachahmender Verstellung und willkürlicher Verstellung sinnvoll.

Auch die These, dass Verstellungen mehrerer voneinander unabhängiger Schriftmerkmale laut Michel nur eingeschränkt möglich sind und der Grund hierfür im Zurückfallen in Gewohnheiten liegt, sowie dass in vielen Fällen „nur relativ vordergründige Schriftveränderungen" (Michel 1982:204) vorgenommen werden, entspricht den bisherigen Erkenntnissen und Theorien zu linguistischen Verstellungen (s. Kapitel 3).

Verstellungen von Schrift und Verstellungen von Sprachgebrauch weisen demzufolge große Parallelen auf. Der Grund hierfür liegt wahrscheinlich darin, dass die Produktion von Schrift und die Produktion von Sprache ähnlich routinierte Tätigkeiten, die deshalb stark automatisiert sind (s. Kapitel 2.2). Mit dieser starken Automatisierung geht einher, dass der Prozess bzw. einzelne Teilprozesse unbewusst geschehen, was das Zurückfallen in Gewohnheiten erklärt.

Im Korpus der vorliegenden Arbeit sind 59% maschinen- und 41% handschriftliche Texte enthalten. Insgesamt wurden 31% der Texte als verstellte Druckschrift, 9% als unverstelltes Schriftbild und nur ein einziger Text als verstellte Schreibschrift eingestuft. Das heißt, in mehr als drei Viertel der handgeschriebenen Texte wurde das Schriftbild verstellt.

3) Textmenge:

Der Großteil der Texte (81%) besteht aus einer Textseite, auch zwei Seiten kommen mit 14% regelmäßig vor. Schreiben mit mehr Seiten kommen nur als Einzelfall mit je drei, vier und fünf Seiten vor. Die Anzahl der Wörter variiert zwischen 8 und 2004 Wörtern, wobei sich 51% der Texte im Bereich bis 100 Wörter befinden. Über 400 Wörter umfassen bereits nur noch 5% und nur 3% enthalten mehr als 1000 Wörter.

Der Vergleich mit dem Referenzkorpus ergab, dass die verstellten inkriminierten Texte im Durchschnitt kürzer sind als der Durchschnitt aller inkriminierter Schreiben. Ein möglicher Grund hierfür ist die erhöhte Konzentration, die die Verstellung erfordert, so dass die Erstellung der Texte mehr Mühe und Zeit benötigt.

4) Textaufbau:

17% der Schreiben bestehen ausschließlich aus einem Textteil, die übrigen Texte weisen jedoch die unterschiedlichsten Zusammensetzungen verschiedener Textteile auf. Unterzeichnet wurden z.B. 56% der Texte, und 54% enthalten eine Anrede. Die Gliederung ist teils sehr klar, teils sehr unstrukturiert, und auch der Textaufbau ist insgesamt sehr vielseitig.

Der große Anteil an Schreiben, die ausschließlich aus einem Textteil bestehen, kann z.B. mit dem Bestreben der Autoren erklärt werden, ihre Anonymität nicht zu gefährden. Dass der Anteil der Texte, die sogar unterzeichnet wurden, noch höher ist als der Anteil der aus nur einem Textteil bestehenden Schreiben, liegt wahrscheinlich daran, dass dies zur Verstellung genutzt wurde, indem mit falschem Namen oder Fantasienamen unterzeichnet wurde. Die Unterschiedlichkeit der Gliederungen scheint in der Vielfalt der Verstellungstypen begründet zu sein – so sind manche Schreiben z.B. als Geschäftsbrief eines Arztes angelegt und andere als möglichst chaotische Zeilen eines vermeintlichen Immigranten.

5) Groß-/Kleinschreibung:
Viele Schreiben (34%) bestehen vollständig aus Großbuchstaben. Insgesamt sind nur 24% der Texte in korrekter oder fehlerhafter Groß-/Kleinschreibung verfasst, alle anderen Schreiben (76%) enthalten zumindest Passagen mit durchgängiger Groß- oder Kleinschreibung. Mögliche Gründe für die Verwendung von durchgängiger Groß- oder Kleinschreibung sind z.B. a) die Vermeidung von Fehlern durch Unsicherheiten in der Groß-/Kleinschreibung, b) die Vortäuschung von Inkompetenz in diesem Bereich oder c) die Unkenntlichmachung des eigenen Stils.

6) Interpunktion:
Nicht einmal ein Viertel der Texte weist eine korrekte oder zumindest überwiegend korrekte Zeichensetzung auf (23%). In den meisten Texten findet sich eine insgesamt fehlerhafte Zeichensetzung (36%), oder es wurden keinerlei Kommata verwendet (26%). Der große Anteil an Texten mit fehlerhafter Zeichensetzung lässt sich zum einen dadurch erklären, dass dies einer der Bereiche ist, in dem auch in unverstellten Texten selbst von Muttersprachlern viele Normverstöße zu verzeichnen sind. Zum anderen scheint die Interpunktion eine der Ebenen zu sein, die den Autoren relativ bewusst ist, so dass sie in den verstellten Texten oft mit fingierten Fehlern versehen wird (s. „metalinguistisches Bewusstsein": Kapitel 2.2 und 3). Dass in einem Viertel der Texte keinerlei Kommata verwendet wurden, lässt sich analog zur durchgängigen Groß- und/oder Kleinschreibung durch drei mögliche Ziele erklären: a) die Vermeidung von Fehlern durch Unsicherheiten in der Kommatasetzung, b) die Vortäuschung von Inkompetenz in diesem Bereich oder c) die Unkenntlichmachung des eigenen Stils.

7) Fachvokabular:
In insgesamt vier Texten des Datenkorpus wird Fachvokabular benutzt. Dies ist mit 6% ein sehr geringer Anteil, darüber hinaus wird Fachvokabular ausschließlich im Zusammenhang mit chemischen Stoffen und/oder Reaktionen verwendet, die Vergiftungen/Verletzungen zur Folge haben. Hierdurch soll vermutlich die Glaubwürdigkeit des Autors gestärkt und der Drohung Nachdruck verliehen werden.

8) Register:

Nur 16% der Texte weisen durchgängig dasselbe Register (informell/neutral/formell) auf. In 84% kommen stattdessen mindestens zwei unterschiedliche Register vor, und in 66% der Texte werden sogar alle drei Register abgedeckt. Bei den Anredeformen gibt es hingegen nur einen einzigen Text, in dem sowohl eine distanzierte als auch eine informelle Anredeform verwendet wird. In den meisten Texten (66%) wird die distanziertere Anredeform des Deutschen genutzt. Es gibt jedoch auch 5 Texte (7%), die so neutral geschrieben sind, dass sich keinerlei Hinweise auf eine Anredeform finden lassen.

Dieses Ergebnis spricht dafür, dass das Register zur Verstellung genutzt wurde, und unterstützt die These, dass eine Verstellung innerhalb eines Textes nur schwer mit derselben Konsistenz aufrechtzuerhalten ist (s. Kapitel 3). Die Anredeform steht dem als Merkmal gegenüber, welches deutlich bewusster gesteuert wird und deshalb weniger Varianz innerhalb der Texte aufweist. Dass auch Texte ohne jegliche Anredeform vertreten sind, kann z.B. mit dem Bestreben nach Anonymität erklärt werden.

9) Lexikalische Komplexität:

Die Verwendung unterschiedlicher lexikalischer Komplexitätsgrade verhält sich sehr ähnlich wie die Nutzung verschiedener Register innerhalb eines Textes: In nur 16% der Texte ist durchgängig derselbe lexikalische Komplexitätsgrad vorzufinden, in 84% der Texte sind mindestens zwei Grade der lexikalischen Komplexität vertreten. Außerdem gibt es auch hier eine Reihe von Texten (17%), in denen sogar alle drei Grade abgedeckt werden.

Auch dieses Ergebnis stärkt die These der Inkonsistenz von Verstellungen und legt nahe, dass die lexikalische Komplexität häufig als Verstellungsmerkmal genutzt wird.

Die Ergebnisse in den Bereichen Register und lexikalische Komplexität gehen außerdem konform mit dem Phänom des Zurückfallens in Gewohnheiten, das im Zusammenhang mit den Schriftbildern angeführt wurde.

Die Präsentation der Ergebnisse zur Stilanalyse beinhaltet kein Kapitel zu syntaktischen Stilmerkmalen der Texte. Der Grund hierfür ist, dass die Schreiben auf der Stilebene syntaktisch weitestgehend unauffällig erscheinen. In wenigen Einzelfällen wird auf eine Art Telegrammstil zurückgegriffen, indem vorwiegend Parataxen verwendet werden. Insgesamt erschien eine Stilanalyse auf der Syntaxebene im Rahmen dieser Arbeit jedoch nicht ergiebig zu sein.

Alle untersuchten Merkmale haben sich als potentiell signifikant erwiesen und sollten detaillierteren Folgeanalysen unterzogen werden. Dies ist vor allem deshalb sinnvoll, weil bei der vorliegenden Analyse nur zum Stilmerkmal Wörteranzahl ein geeignetes Referenzkorpus vorlag, das den Vergleich der verstellten Texte mit inkriminierten Texten allgemein gestattete. Ein solcher Abgleich empfiehlt sich für die anderen Merkmale auch, um sicherzustellen, dass es sich um speziell für Verstellungen charakteristische Merkmale handelt und nicht um Charakteristika inkriminierter Texte allgemein.

6.2 Fehleranalyse

Im Anschluss an die Stilanalyse wird nun die speziell den Anforderungen der Untersuchung von sprachlichen Verstellungen angepasste Fehleranalyse durchgeführt. In diesem Kapitel werden das Vorgehen bei den einzelnen Analyseschritten und die Analyseergebnisse detailliert beschrieben und erläutert.

6.2.1 Identifizierung der Fehler

Der erste Analyseschritt ist die Identifizierung der Fehler:
Unter einem Fehler wird eine „Abweichung von der zielsprachlichen Norm" (Lindemann 1995: 92) verstanden.[4]
Hierbei wird in zweierlei Hinsicht anders vorgegangen als bei der Verwendung von Fehleranalysen im Rahmen des Fremdsprachenunterrichts, um der forensisch-linguistischen Zielsetzung dieser Arbeit gerecht zu werden:
1) Als Norm wird kein Regelwerk wie z.B. der Duden verwendet, sondern die Beurteilung durch mehrere Muttersprachler herangezogen. Denn die Ergebnisse werden nicht zur Fehlerkorrektur benötigt, wie es im Rahmen des Fremdsprachenunterrichts meistens der Fall ist, sondern um zu beurteilen, ob die Abweichungen Teil der Verstellungsstrategien sind oder nicht. Außerdem sind viele der Texte stark durch konzeptionelle Mündlichkeit (nach Koch/Oesterreicher 1985, 1994) geprägt. Deshalb wäre eine präskriptive Sprachnorm, wie sie durch den Duden abgebildet wird, nicht geeignet. Aus diesem Grund wurde eine andere Möglichkeit der normativen Vergleichsbasis gesucht: Die inkriminierten Texte werden deutschen Muttersprachlern vorgelegt, die markieren, was ihrer Meinung nach nicht der Norm entspricht. Eine Äußerung wird als „korrekt" angesehen, wenn die Muttersprachler sie so formulieren bzw. sie als Teil ihrer Muttersprache annehmen würden (vgl. Hufeisen 1991: 43). Durch die Beurteilung der Daten von mehreren Muttersprachlern soll sichergestellt werden, dass keine Artefakte durch einen einzelnen Idiolekt generiert werden – beispielsweise hinsichtlich stilistischer Varianten oder Regionalismen. Wenn die Beurteilungen der Muttersprachler nicht übereinstimmen – manche meinen, die Äußerung sei normgerecht, andere allerdings meinen, sie sei fehlerhaft – wird die Äußerung nicht als Fehler gewertet. Bei der Auswahl der Muttersprachler wurde

---

[4] Die Begriffe „Fehler" und „Abweichung" werden in dieser Arbeit synonym verwendet.

darauf geachtet, dass unterschiedliche Altersklassen, Herkunftsregionen sowie berufliche Kontexte vertreten sind.

Spillner schreibt zur Fehleridentifizierung im forensisch-linguistischen Bereich:

„Bei dieser Operation gilt es zu entscheiden, was sprachlich richtig ist und was falsch. Es gilt auch, sprachliche Abweichungen von regionalen, sozialen oder stilistischen Varietäten abzugrenzen. Nur am Rande sei erwähnt, daß eine linguistische Begründung von Norm oder Sprachstandard beträchtliche theoretische Schwierigkeiten bereitet. Die amtliche Festlegung einer Norm durch Behörden (für den Dienstgebrauch) oder durch Schulrichtlinien (für die Korrektur von Schülerarbeiten) – z.B. der Anerkennung des Dudens als Richtschnur für die deutsche Rechtschreibung – ist eine praktische Fixierung, aber keine wissenschaftliche Lösung des Problems."
(Spillner 1990: 104)

Das für die vorliegende Arbeit gewählte Vorgehen versucht, diesen Tatsachen Rechnung zu tragen, kann jedoch auch nur eine Annäherung an die Problematik leisten.

2) Nicht alle identifizierten Fehler werden in das systematische Fehlerkorpus aufgenommen, da die Analyse mancher Fehler für die Zielsetzung dieser Untersuchung nicht relevant erscheint:

a) Getrennt- und Zusammenschreibung von Komposita:
   Da die Getrennt- und Zusammenschreibung von Komposita sehr stark durch individuelle Vorlieben beeinflusst wird, geht sie nicht in die Fehleranalyse ein:

„Die orthographische Norm des Deutschen ist auf diesem Gebiet mit vielen Problemen behaftet und läßt der individuellen Gestaltung z.T. breite Toleranzzonen (…)."
(Fleischer/Michel/Starke 1993: 237)

b) Interpunktion:
   Die Interpunktion in den Texten des Datenkorpus wurde bereits im Rahmen der Stilanalyse untersucht, bei der auch jeweils eine allgemeine Aussage über ihre Normgerechtheit getroffen wurde. Sie in die detaillierte Fehleranalyse aufzunehmen, erscheint jedoch nicht sinnvoll, da die Normierung teilweise sehr schwach ist. Fleischer/Michel/Starke schreiben hierzu:

„Die Normen lassen nicht für alle Satzzeichen die gleichen Spielräume. Am stärksten ist – trotz aller Toleranzen, die auch hier bleiben – die Kommasetzung

normiert, während die von A. Zweig genannten Satzzeichen der individuellen Gestaltung weiter offenstehen. Und wo man den Punkt als Satzschlußzeichen setzt, das ist eine – ebenfalls weitgehend individualstilistisch zu beantwortende – Frage nach dem Satzumfang (…)."
(Fleischer/Michel/Starke 1993: 240)

c) Alte vs. neue Rechtschreibung:
   Da die Autoren der Texte sowohl vor und während als auch nach der Rechtschreibreform zur Schule gegangen sein können, werden Formen, die den Regeln der alten, aber nicht der neuen Rechtschreibung entsprechen, nicht als Fehler gewertet.[5]

Alle anderen von den Muttersprachlern identifizierten Fehler bilden das systematische Fehlerkorpus, welches das Ergebnis dieses ersten Schritts der Fehleranalyse ist. Hierfür wird eine Datenbank angelegt, in die alle Abweichungen eingetragen und mit einer Kennung versehen werden. Diese Kennung besteht aus drei Teilen:
- Kennung des Textes, aus dem die Abweichung stammt
- Seitenzahl und Zeile, in der die Abweichung gefunden wurde
- Nummer des Fehlers in dem Text (alle Fehler innerhalb eines Textes werden durchlaufend nummeriert)

Ein Beispiel: Fehlerkennung 12–1;4–13
Hierbei handelt es sich um die 13. Abweichung im Text mit der Kennung 12, und der Fehler befindet sich in der vierten Textzeile der ersten Seite des Textes.

Insgesamt umfasst das systematische Fehlerkorpus dieser Arbeit 2.678 Abweichungen. Die Fehlermenge pro Text variiert zwischen 0 und 702 Abweichungen. Der Mittelwert beträgt 38,3, und die Standardabweichung, mit der die einzelnen Werte um diesen Mittelwert streuen, liegt bei 90,1. Das zeigt, dass sich die Fehlermengenwerte der Mehrzahl der Texte im unteren Bereich des gesamten Intervalls bewegen.
Wenn man die Fehlermenge jeweils in Relation zu der Anzahl der Wörter im Text setzt, erhält man den Fehlerquotienten. Der Fehlerquotient nimmt in den Texten des Korpus Werte zwischen 0 und 71,7 an. Der Mittelwert liegt hier bei 22,0 und die Standardabweichung beträgt 17,4.
Der hohe Wert der Standardabweichung zeigt, dass auch der Fehlerquotient von Text zu Text sehr stark variiert. Es gibt demnach sowohl Texte, in denen Fehler als Verstellungsmerkmal verwendet werden, als auch Texte, die nur Stilmerkmale zur Verstellung nutzen. Die Texte, bei denen Abweichungen als Teil der Verstellungsstrategie

---

[5] Reform der deutschen Rechtschreibung im Jahr 1996, Überarbeitungen in den Jahren 2004 und 2006

eingesetzt werden, variieren außerdem deutlich in der Intensität der Fehlerhaftigkeit. Dies kann mit den unterschiedlichen Verstellungstypen zusammenhängen. Bei einer Verstellung als Nicht-Muttersprachler des Deutschen wird vermutlich eher und stärker mit Fehlern gearbeitet als bei einer Verstellung als Mitglied einer radikalen Organisation.

6.2.2 Klassifizierung der Fehler

Die 2.678 identifizierten Abweichungen werden nun klassifiziert:

Bisher wurde festgestellt, dass eine Äußerung fehlerhaft ist, jedoch noch nicht, *„wie dieses Falschsein aussieht"* (Apeltauer 1987: 186). Das geschieht im zweiten Schritt der Fehleranalyse.

Die Fehler werden zunächst danach unterteilt, welche sprachliche Ebene sie betreffen: Orthographie, Morphologie, Syntax oder Lexik. Beispiele aus dem Korpus sind:

- Orthographie:
  20/2–2;21–61   *jahren*   (Groß-/Kleinschreibung)
- Morphologie:
  10–1;8–48   *und meine Freund*   (Genusfehler, KNG)
- Syntax:
  30–1;7–15   *dann du kannst singen*   (Stellungsfehler)
- Lexik:
  5–1;14–33   *sicherten uns*   (Lexemwahl: „versicherten")

Es wurden keine Abweichungen im Bereich der Pragmatik identifiziert.

In einem zweiten Schritt wird dann nach häufigen Fehlern desselben Typs innerhalb der einzelnen Ebenen gesucht, wie sie hier bei den Beispielen in Klammern vermerkt sind.

Die folgende Tabelle zeigt das Klassifizierungsschema, welches auf Grundlage des systematischen Fehlerkorpus erarbeitet wurde, sowie die Anzahl der Items in den verschiedenen Kategorien und den Anteil, den die jeweiligen Ebenen/Kategorien an der Gesamtfehlermenge haben:

1 Orthographie	(Kenn.)	(Items)	(rel. Anteil)	Gesamt:	624	Anteil:	23%
GKS (Groß- / Kleinschreibung)	1.1	362	14%				
Dehnungs- und Verkürzungsgrapheme	1.2	161	6%				
Graphemwahl	1.3	68	3%				
Zusammenschreibung	1.4	20	‹ 1%				
Sonstige orthographische Abweichungen	1.5	13	‹ 1%				
2 Syntax				Gesamt:	900	Anteil:	34%
Determinativ fehlt	2.1	314	12%				
Subjekt fehlt	2.2	96	4%				
Obligatorisches Objekt fehlt	2.3	34	1%				
Verb fehlt	2.4	106	4%				
Präposition fehlt	2.5	35	1%				
Sonstiger Satzteil / sonstiges Wort fehlt	2.6	18	‹ 1%				
Satzteil / Wort zuviel	2.7	23	‹ 1%				
Verbstellung	2.8	242	9%				
Sonstige Satzstellungfehler	2.9	32	1%				
3 Morphologie				Gesamt:	566	Anteil:	21%
KNG (Kasus-Numerus-Genus-Kongruenz)	3.1	295	11%				
Verbkonjugation: Infinitiv statt konjugiertem Verb	3.2	168	6%				
Verbkonjugation: Konjugationsform	3.3	47	2%				
Sonstige morphologische Abweichungen	3.4	56	2%				
4 Orthographie oder Morphologie				Gesamt:	443	Anteil:	17%
Dehnungs- und Verkürzungsgrapheme	4.1	99	4%				
Graphemwahl	4.2	177	7%				
Auslassung / Ergänzung von Graphemen	4.3	142	5%				
Graphemreihenfolge	4.4	25	‹ 1%				
5 Lexik				Gesamt:	145	Anteil:	5%
Lexemwahl (falsches Wort, falscher Ausdruck)	5.1	130	5%				
Lexeme aus anderen Sprachen	5.2	15	‹ 1%				
Summe der Abweichungen		2678					

Abb. 58: Fehlerkategorien A

Die Syntax ist mit 34% die sprachliche Ebene, auf welche die meisten Fehler entfallen. Es folgen Orthographie mit 23 % und Morphologie mit 21%. Bei 17% der Abweichungen konnte keine klare Trennung zwischen Orthographie und Morphologie gezogen werden und das Schlusslicht bildet mit nur 5% die lexikalische Ebene.

Es werden nun die verschiedenen Fehlertypen besprochen, in die sich die Abweichungen auf den unterschiedlichen Ebenen einteilen lassen.

Orthographie

Insgesamt wurden 624 Abweichungen (23%) als orthographische Abweichungen klassifiziert. Folgende Fehlertypen sind vertreten:

(a) Groß-/Kleinschreibung (GKS)

Mit 362 Abweichungen (14%) ist die GKS der Fehlertyp mit den meisten Fehleritems auf allen sprachlichen Ebenen. Der Großteil dieser Abweichungen (226 Items) besteht darin, dass Nomen klein geschrieben wurden. Auch häufig vertreten (51 Items) sind klein geschriebene Höflichkeitsformen. Danach folgen mehrere Abweichungsgruppen mit deutlich geringerem Vorkommen: Satzanfang klein geschrieben (28 Items), Verb groß geschrieben (20 Items), Adjektiv groß geschrieben (16 Items) und sonstige GKS-Abweichungen (21 Items).

Beispiele:

1–1;10–10	*forderung*	(Nomen klein)
24/2–1;8–6	*wenn sie Brief lesen*	(Höflichkeitsform klein)
11–1;37–220	*Hoch*	(Adjektiv groß)

(b) Dehnungs- und Verkürzungsgrapheme

161 Abweichungen betreffen Dehnungs- und Verkürzungsgrapheme auf der orthographischen Ebene. Unter Dehnungsgraphemen werden solche verstanden, die dafür sorgen, dass der vorangegangene Vokal lang ausgesprochen wird, d.h. Doppelvokale, Dehnungs-h und Dehnungs-e. Unter Verkürzungsgraphemen werden solche verstanden, die die Kürze des vorangegangenen Vokals markieren, d.h. Doppelkonsonanten und 'ck'. Mehr als die Hälfte der Abweichungen in diesem Fehlertyp (86 Items) bestehen darin, dass ein Verkürzungsgraphem fehlt, aber auch Dehnungsgrapheme wurden ausgelassen (32 Items). Außerdem wurden sowohl Dehnungsgrapheme (23 Items) als auch Verkürzungsgrapheme (20 Items) normwidrig eingefügt. Die hier genannten 161 Items im Bereich Dehnungs- und Verkürzungsgrapheme betreffen ausschließlich die orthographische Ebene, sie verändern demnach nicht die Aussprache. Selbstverständlich kommen auch Abweichungen dieses Fehlertyps vor, bei dem zusätzlich die Aussprache

beeinträchtigt sein könnte – auf diese Abweichungen wird im Absatz zu Fehlern der Ebene 'Orthographie oder Morphologie' eingegangen.

Beispiele:

6–1;8–9	*KAN*	(Verkürzungsgraphem fehlt)
10–1;8–50	*ungefär*	(Dehnungsgraphem fehlt)
31–1;3–23	*wier*	(Dehnungsgraphem zuviel)
2–1;7–4	*hällt*	(Verkürzungsgraphem zuviel)

(c) Graphemwahl

68 Abweichungen betreffen die Graphemwahl auf der orthographischen Ebene, d.h. die Wahl des Graphems widerspricht der Norm, sie verändert jedoch genauso wie bei dem zuletzt beschriebenen Fehlertyp nicht die Aussprache. Es handelt sich um die Vertauschung von Graphemen, die im Deutschen äquivalent klingen können – z.B. 'f' statt 'v' (13 Items) oder 'sch' statt 'ch' (1 Item). In wenigen Fällen (16 Items) lassen sich die Abweichungen durch Anglizismen erklären, wenn 'g' oder 'c' statt 'k' oder 'd' statt 't' vewendet wurde.

Beispiele:

16/15–1;5–2	*fergiftet*	(f statt v)
15–1;9–15	*gewarnd*	(d statt t)
21–1;7–14	*carte*	(c statt k)

(d) Zusammenschreibung

20 Abweichungen bestehen darin, dass entweder zwei Wörter zusammengeschrieben wurden (14 Items), wobei hiervon unterschiedliche Wortarten betroffen sind, oder aber ein Wort normwidrig auseinandergeschrieben wurde (6 Items), was in allen Fällen an einer Morphemgrenze geschah.

Beispiele:

14–1;8–39	*ein laden*	(Wörter auseinander)
9–1;17–10	*ZUERSCHIESSEN*	(Wörter zusammen)

Darüber hinaus finden sich 13 sonstige orthographische Abweichungen.

Syntax

Insgesamt wurden 900 Abweichungen (34%) als syntaktische Abweichungen klassifiziert. Sie unterteilen sich in syntaktische Auslassungen (603 Items), Wortstellungsfehler (274 Items) sowie syntaktische Ergänzungen (23 Items). Folgende Fehlertypen sind vertreten:

(a) Determinativ fehlt

Mit 314 Abweichungen (12%) ist das Fehlen von Determinativen nach der GKS der Fehlertyp mit den zweitmeisten Fehleritems auf allen sprachlichen Ebenen. Folgende Determinativarten sind betroffen: bestimmte Artikel (der, die, das), unbestimmte Artikel (ein, eine), Demonstrativpronomina (dieser, jener) sowie Possessivpronomina (mein, dein, usw.).

Beispiele:

29–1;19–59	*BOMBE MIT ZUG*	(Determinativ fehlt)
31–1;15–106	*für unschuld*	(Determinativ fehlt)

(b) Subjekt fehlt

96 Mal besteht die Abweichung darin, dass das Subjekt fehlt. Eine Unterscheidung nach Wortarten schien hier für diese Untersuchung nicht sinnvoll, vielmehr scheint die Abgrenzung zwischen den unterschiedlichen syntaktischen Funktionen Subjekt und Objekt relevant. In vielen Fällen wäre zudem sowohl die Verwendung eines Nomens als auch eines Pronomens möglich und normgerecht gewesen. Dieser Fehlertyp umfasst deshalb beide Wortarten in ihrer Funktion als Subjekt.

Beispiele:

27/26–1;5–10	*BIS UNSERE ZIEL ERREICHEN*	(Subjekt fehlt)
10–2;6–144	*wieso ist Gefängnis*	(Subjekt fehlt)

(c) Obligatorisches Objekt fehlt

Auslassungen von obligatorischen Objekten sind im Gegenzug nur mit 34 Items vertreten. Auch hierbei sind sowohl Nomen als auch Pronomen in ihrer Funktion als obligatorische Objekte zusammengefasst, die Begründung ist äquivalent zum Fehlertyp 'Subjekt fehlt'.

Beispiele:

| 20/2–1;21–10 | *Ich finde gut* | (obl. Objekt fehlt) |
| 10–1;6–34 | *Ich will kaufen* | (obl. Objekt fehlt) |

(d) Verb fehlt

Bei der Auslassung von Verben hingegen erscheint es nicht relevant, ob es sich um finite oder infinitive Verbformen handelt, ob das Verb demnach die Funktion des Prädikats erfüllt oder nur einen Teil des Prädikats ausmacht. Insgesamt wurde in 106 Fällen ein Verb weggelassen.

Beispiele:

29–4;196–653	*ICH JETZT ERFAHREN*	(Verb fehlt)
22/2–1;2–7	*SIE GIERIG*	(Verb fehlt)
7–1;12–28	*kein verdacht auf ihn*	(Verb fehlt)

(e) Präposition fehlt

35 Abweichungen bestehen in der Auslassung von Präpositionen.

Beispiele:

| 12–1;5–14 | *wir Fliegen Wochenende* | (Präposition fehlt) |
| 31–1;10–72 | *gehe internete* | (Präposition fehlt) |

(f) Sonstiger Satzteil/sonstiges Wort fehlt

18 Abweichungen betreffen weitere Wortarten/Satzteile als die bisher genannten.

Beispiel:

| 29–1;20–68 | *DAS IMMER SCHLIMMER UND KOMMEN* | |
| | *IMMER RICHTUNG DEUTSCHLAND* | (Wort fehlt: „mehr") |

(g) Satzteil/Wort zuviel

Der großen Menge an syntaktischen Auslassungen (603 Items) steht eine kleine Anzahl syntaktischer Ergänzungen (23 Items) gegenüber.

Beispiel:

| 28/4–1;15–24 | *als der Schimpfwörter* | (Determinativ zuviel) |

(h) Verbstellung

Mit 242 Abweichungen (9%) sind Fehler bezüglich der Stellung von Verben im Satz der vierthäufigste Fehlertyp über die verschiedenen sprachlichen Ebenen hinweg. Betroffen sind vor allem die Verbend- und die Verbzweitstellung.

Beispiele:

10–1;12–79	*weil kommt jemand*	(Verbendstellung)
29–2;72–318	*WEIL ER HABEN EIN AUFTRAG*	(Verbendstellung)
19–1;4–39	*jetzt mir reicts*	(Verbzweitstellung)
28/4–1;5–8	*Warum Du bist Nazi ??*	(Verbzweitstellung)

(i) Sonstige Satzstellungsfehler

Zu der großen Menge an Verbstellungsfehlern kommen 32 Abweichungen hinzu, die die Stellung im Satz anderer Wortarten betreffen.

Beispiel:

29–1;49–196	*FREUNDE DEUTSCHE*	(Stellung: Adjektiv)

Morphologie

Insgesamt wurden 566 Abweichungen (21%) als morphologische Abweichungen klassifiziert. Fast alle sind im Bereich der nominalen und verbalen Kongruenz angesiedelt. Folgende Fehlertypen sind vertreten:

(a) Kasus-Numerus-Genus-Kongruenz (KNG)

Unter KNG-Kongruenz wird die Übereinstimmung von Kasus, Numerus und Genus in Nominalphrasen verstanden, d.h. sie betrifft die Deklination von Nomen, Adjektiven usw. Mit 295 Items (11%) ist die KNG-Kongruenz der Fehlertyp mit den drittmeisten Fehleritems auf allen sprachlichen Ebenen.

Beispiele:

5–1;4–7	*mit den Krieg*	(KNG)
6/5–2;6–10	*EIN PERSON*	(KNG)
13–1;14–25	*deine Leben*	(KNG)
27/1–1;7–3	*IN IHRE NAME*	(KNG)
27/7–1;3–4	*ZUM LETZTE MAL*	(KNG)

(b) Verbkonjugation: Infinitiv statt konjugiertem Verb

168 Mal wurden im Datenkorpus Infinitive statt konjugierter Verben verwendet, d.h. es wurde keine Kongruenz durch Verbflexion hergestellt.

Beispiele:

19/1–1;2–24	*er suchen*	(Infinitiv)
30–1;10–39	*du zeigen*	(Infinitiv)
31–1;8–58	*aber unse verarschen niemand*	(Infinitiv)

(c) Verbkonjugation: Konjugationsform

Die Abweichungen durch fehlende Konjugation werden von 47 Fehlern ergänzt, die in der Verwendung von falschen Konjugationsformen bestehen.

Beispiele:

11–1;27–146	*Sie habt*	(Konjugationsform)
10–1;9–56	*Ich und meine Freund gehe*	(Konjugationsform)

Darüber hinaus finden sich 56 sonstige morphologische Abweichungen, wovon 23 in der Vertauschung von „nichts" bzw. „nix" mit „nicht" und umgekehrt bestehen.

Orthographie oder Morphologie

Insgesamt wurden 443 Abweichungen (17%) als orthographische oder morphologische Abweichungen klassifiziert. Diese Ebene umfasst alle orthographischen Abweichungen, die entsprechend der gängigen deutschen Phonem-Graphem-Verbindungen zusätzlich zu einer falschen Aussprache führen würden. Da jedoch ausschließlich Textdaten vorliegen, ist keine Aussage darüber zu treffen, wie die Aussprache des Autors gelautet hätte, so dass es sich sowohl um rein orthographische als auch um morphologische Abweichungen handeln kann. Folgende Fehlertypen sind vertreten:

(a) Dehnungs- und Verkürzungsgrapheme

Hier wurden dieselben Ausprägungen wie auf der rein orthographischen Ebene gefunden: Verkürzungsgrapheme fehlen (73 Items) oder wurden normwidrig eingefügt (10 Items), ebenso wurden auch Dehnungsgrapheme ausgelassen (6

Items) oder ergänzt (10 Items). Insgesamt umfasst dieser Fehlertyp auf der orthographisch oder morphologischen Ebene 99 Abweichungen.

Beispiele:

1/3–1;15–23	*NUMER*	(Verkürzungsgraphem fehlt)
6/4–2;2–20	*LEKEREN*	(Verkürzungsgraphem fehlt)
3/1–1;4–8	*LESSEN*	(Verkürzungsgraphem zuviel)
19/2–1;11–65	*get*	(Dehnungsgraphem fehlt)
6/3–1;5–9	*ERGIEBT*	(Dehnungsgraphem zuviel)

(b) Graphemwahl

Auch die Graphemwahl war bereits auf der rein orthographischen Ebene vertreten. Die Ausprägungen unterscheiden sich jedoch voneinander. Hier im Bereich der Abweichungen, die sowohl rein orthographisch als auch morphologischer Natur sein können, sind es insgesamt 177 Items. 95 dieser Abweichungen betreffen Umlaute: Umlaut fehlt (85 Items), Umlaut zuviel (9 Items) und Umlaut an falscher Stelle (1 Item). Hinzu kommen 62 Abweichungen, die Konsonanten und Konsonantencluster betreffen, und 20 Abweichungen bei Vokalen und Diphtongen.

Beispiele:

8–1;7–5	*samtliches*	(Umlaut fehlt)
26/2–1;18–29	*GEWISSENLÖS*	(Umlaut zuviel)
6/5–1;4–2	*SAÜRE*	(Umlautposition)
25–1;8–10	*gezwunken*	(Konsonant)
7–1;11–18	*woandars*	(Vokal)

(c) Auslassung/Ergänzung von Graphemen

Der dritte Fehlertyp auf dieser Ebene besteht in der Auslassung oder normwidrigen Ergänzung von Graphemen und umfasst 142 Abweichungen. Diese können in vier Ausprägungen unterteilt werden: Konsonant fehlt (71 Items), Konsonant zuviel (19 Items), Vokal fehlt (16 Items) und Vokal zuviel (36 Items).

Beispiele:

8–1;32–18	*bescheibe*	(Konsonant fehlt)
2–1;2–1	*anderst*	(Konsonant zuviel)
6/4–2;4–23	*PRDUKTE*	(Vokal fehlt)
31–1;2–18	*bise*	(Vokal zuviel)

(d) Graphemreihenfolge

25 Abweichungen bestehen in der falschen Abfolge der verwendeten Grapheme.

Beispiele:

31–1;15–109	*viedo*	(Graphemreihenfolge)
29–2;56–232	*PAKSITAN*	(Graphemreihenfolge)

Lexik

Insgesamt wurden 145 Abweichungen (5%) als lexikalische Abweichungen klassifiziert, so dass dies die sprachliche Ebene ist, auf die die wenigsten Abweichungen entfallen. Folgende Fehlertypen sind vertreten:

(a) Lexemwahl

130 Fehler bestehen in der Wahl falscher Lexeme, hierbei lässt sich unterscheiden zwischen: Falsches Verb (39 Items), falsches Nomen (28 Items), falsche Präposition (19 Items), falscher Ausdruck (13 Items) und sonstigen Lexemwahlfehlern (31 Items). Unter den Sonstigen befinden sich vier Abweichungen, bei denen „nicht" oder „nichts" statt „kein" und umgekehrt verwendet wurde.

Beispiele:

11–1;3–5	*sind drei Bomben unterlegt*	(falsches Verb: „versteckt")
31–1;15–114	*anzunder*	(falsches Nomen: „Brandstifter")
29–4;180–597	*ZURUCK NACH TURKEI*	(falsche Präposition)
24/1–1;17–19	*mein Gewissen liegt darin*	(Ausdruck)
29–2;66–279	*NICHTS TURBAN*	(„nichts" statt „keinen")

(b) Lexeme aus anderen Sprachen

In 15 Fällen wurden Lexeme aus anderen Sprachen verwendet, hauptsächlich aus dem Englischen (9 Items), aber auch aus dem Französischen (3 Items), dem Rumänischen (1 Item), dem Polnischen (1 Item) und einer Mischung aus Französisch und Spanisch (1 Item).

Beispiele:

10–2;10–173	*Embassi*	(Englisch)
24/2–2;3–13	*ich kann nichts retoure machen*	(Französisch)

Wichtig zur Interpretation ist nicht nur, welchen Anteil die verschiedenen Ebenen/Kategorien an der Gesamtfehlermenge haben, sondern auch, in wievielen Texten des Datenkorpus sie jeweils vertreten sind. Dies zeigt die nun folgende Tabelle, in der sich die Häufigkeitsangaben auf die Anzahl der Texte, in denen Items der verschiedenen Fehlertypen vorkommen, beziehen (nicht wie in der ersten Abbildung zu den Fehlerkategorien, in der die Menge der Fehleritems der verschiedenen Fehlertypen in allen Texten angegeben ist):

1 Orthographie	(Kenn.)	(Texte)	(rel. Anteil)	Gesamt:	57	Anteil:	81%
GKS (Groß- / Kleinschreibung)	1.1	23	33%				
Dehnungs- und Verkürzungsgrapheme	1.2	46	66%				
Graphemwahl	1.3	35	50%				
Zusammenschreibung	1.4	14	20%				
Sonstige orthographische Abweichungen	1.5	9	13%				
2 Syntax				Gesamt:	54	Anteil:	77%
Determinativ fehlt	2.1	41	59%				
Subjekt fehlt	2.2	25	36%				
Obligatorisches Objekt fehlt	2.3	14	20%				
Verb fehlt	2.4	26	37%				
Präposition fehlt	2.5	10	14%				
Sonstiger Satzteil / sonstiges Wort fehlt	2.6	10	14%				
Satzteil / Wort zuviel	2.7	12	17%				
Verbstellung	2.8	33	47%				
Sonstige Satzstellungfehler	2.9	14	20%				
3 Morphologie				Gesamt:	57	Anteil:	81%
KNG (Kasus-Numerus-Genus-Kongruenz)	3.1	52	74%				
Verbkonjugation: Infinitiv statt konjugiertem Verb	3.2	17	24%				
Verbkonjugation: Konjugationsform	3.3	16	23%				
Sonstige morphologische Abweichungen	3.4	16	23%				
4 Orthographie oder Morphologie				Gesamt:	58	Anteil:	83%
Dehnungs- und Verkürzungsgrapheme	4.1	32	46%				
Graphemwahl	4.2	41	59%				
Auslassung / Ergänzung von Graphemen	4.3	45	64%				
Graphemreihenfolge	4.4	11	16%				
5 Lexik				Gesamt:	35	Anteil:	50%
Lexemwahl (falsches Wort, falscher Ausdruck)	5.1	31	44%				
Lexeme aus anderen Sprachen	5.2	11	16%				

Abb. 59: Fehlerkategorien B

Deutlich wird hier, dass keiner der Fehlertypen nur für einen einzelnen Text des Datenkorpus charakteristisch ist, die meisten kommen hingegen in einer Vielzahl der Texte vor. Den Höchstwert erzielt mit einer Anzahl von 52 Texten (74%) der Fehlertyp 'KNG-Kongruenz', aber auch die Fehlertypen 'Dehnungs- und Verkürzungsgrapheme', 'Auslassung/Ergänzung von Graphemen', 'Determinativ fehlt' und 'Graphemwahl' sind in mehr als der Hälfte der Texte vertreten. Im Durchschnitt sind die verschiedenen Fehlertypen in 24 Texten (34%) enthalten und streuen mit einer Standardabweichung von 13,5 um diesen Mittelwert.

Ebenso kommen Abweichungen der verschiedenen sprachlichen Ebenen in jeweils sehr vielen der Texte vor: Abweichungen der Ebene 'Orthographie oder Morphologie' kommen in

83% der Texte vor, morphologische und orthographische Abweichungen in jeweils 81% , Syntaxfehler in 77% und Fehler auf der lexikalischen Ebene in 50% der Texte.

Daraus lässt sich die Hypothese ableiten, dass alle genannten sprachlichen Ebenen von Verstellungen der Fehlerprofile betroffen sind, manche Ebenen hierfür jedoch stärker und/oder häufiger genutzt werden als andere.

In den meisten Texten kommen Abweichungen auf fünf der genannten Ebenen (40%) oder zumindest auf vier Ebenen vor (29%). Deutlich seltener weisen nur drei Ebenen (10%), zwei Ebenen (11%) oder gar nur eine Ebene (1%) Fehler auf. Hinzukommen die vier Texte, die keinerlei Fehler enthalten. Im Durchschnitt decken die Fehler pro Text 3,7 der 5 sprachlichen Ebenen ab. Die Standardabweichung, mit der die Werte um diesen Durschnitt streuen, beträgt auch nur 1,5.

Zur Zusammenfassung der Ergebnisse bezüglich der Fehlerkategorisierung zeigt die nun folgende dritte Übersichtstabelle die am häufigsten vertretenen Fehlertypen ohne Zuordnung zu den verschiedenen sprachlichen Ebenen:

Fehlertyp	Items	Anteil an Gesamtfehlermenge	Vorkommen in den Texten	Vorkommen in den Texten (in %)
Syntaktische Auslassungen/Ergänzungen	626	23%	49	70%
Groß-Klein-Schreibung	362	14%	23	33%
Kongruenz in Nominalphrasen	295	11%	52	74%
Satzstellung	274	10%	36	51%
Dehnungs- und Verkürzungsgrapheme	260	10%	50	71%
Graphemwahl	245	9%	50	71%
Verbkonjugation	215	8%	27	39%
Graphemische Auslassungen/Ergänzungen	150	6%	45	64%
Lexemwahl	130	5%	31	44%

Abb. 60: Fehlerkategorien C

An erster Stelle stehen *syntaktische Auslassungen und Ergänzungen*, die 23% der Gesamtabweichungen ausmachen und in 70% der Texte vertreten sind. Es folgt die *Groß-/Klein-Schreibung* mit 14% der Abweichungen und einem Vorkommen in 33% der Texte. Platz drei belegt die *KNG-Kongruenz* mit 11% der Abweichungen und dem Höchstwert von 74% an Textvorkommen. Dicht darauf folgen Fehler im Bereich der *Satzstellung* mit 10% der Abweichungen und 51% Textvorkommen sowie Abweichungen bezüglich *Dehnungs- und Verkürzungsgraphemen* mit 10% der Abweichungen und 71% Textvorkommen. Unter 10% der Abweichungen, aber mit hohen Werten in der Textanzahl erreichen die Fehlertypen *Graphemwahl* (9%, Tv: 71%), *Verbkonjugation* (8%, Tv: 39%), *Graphemische Auslassungen/Ergänzungen* (6%, Tv: 64%) und *Lexemwahl* (5%, Tv: 44%). Der Grad des Textvorkommens könnte ein Indikator für das Bewusstsein der verschiedenen Fehlertypen bei den Autoren sein. Demnach würden beispielsweise Abweichungen in der Kongruenz von Nominalphrasen von den Autoren der Texte als markanter und bewusster wahrgenommen als Abweichungen bei der Satzstellung, so dass sie von mehr Autoren genutzt werden. Es ist allerdings zu bedenken, dass nicht alle identifizierten Fehler Teil der Verstellungsstrategien sind (s. Kapitel 6.2.4). Bei den Werten zum Fehlervorkommen im Bereich der Groß-/Kleinschreibung ist außerdem zu berücksichtigen, dass bei den Texten mit vollständiger Groß- oder Kleinschreibung dieses als Stilmerkmal gewertet wurde, welches im Rahmen der Stilanalyse ausgewertet wurde und nicht in die Fehleranalyse einfloss. Da die Groß-/Kleinschreibung als Stilmerkmal in 75% der Texte vertreten ist, ist auch hier von einem hohen Bewusstseinsgrad auszugehen, auch wenn Abweichungen in diesem Bereich in nur 33% der Texte identifiziert wurden.

6.2.3 Konstanz der Fehlerhaftigkeit

Der dritte Analyseschritt ist kein Bestandteil der klassischen Fehleranalyse, sondern eine Erweiterung, um den speziellen Charakteristika von Verstellungen Rechnung zu tragen, und beschäftigt sich mit der Konstanz der Fehlerhaftigkeit in den Texten des Datenkorpus. Hierzu werden die Texte hinsichtlich zweier Konstanzmerkmale untersucht:

1) Zum einen wird analysiert, ob sich Menge und Typen der gemachten Fehler innerhalb des Textes ändern oder gleichbleiben, da z.B. das Abnehmen der Fehlerintensität innerhalb eines Textes als besonders zuverlässiger Indikator für eine Verstellung angesehen wird (s. Kapitel 3).
2) Zum zweiten wird überprüft, ob fehlerhafte und korrekte Formen desselben Typs gleichzeitig in einem Text vorkommen. Dies könnte ein Hinweis darauf sein, dass die fehlerhaften Formen absichtlich und bewusst als Teil der Verstellungsstrategie produziert wurden.

Für die Analyse der Fehlerkonstanz im Verlauf der Texte werden die Texte in verschiedene Abschnitte unterteilt:

(a) Texte, die weniger als 50 Wörter umfassen, sind zu kurz, um eine sinnvolle Einteilung in Textabschnitte vorzunehmen. Dies trifft auf 14 Texte des Datenkorpus zu, die bei diesem Analyseschritt nicht berücksichtigt werden.

(b) Vier Texte des Datenkorpus weisen keinen einzigen Fehler auf, so dass hier keine Prüfung der Konstanz möglich ist.

(c) Texte, die aus 50 bis 300 Wörtern bestehen, werden in zwei Hälften des gleichen Umfangs unterteilt. Dies trifft auf 45 Texte des Datenkorpus zu.

(d) Die verbleibenden 7 Texte bestehen aus mehr als 300 Wörtern und werden geviertelt, wobei auch die Viertel eines Textes jeweils denselben Umfang haben.

Die Untersuchung der Konstanz der **Fehlermenge** im Verlauf der verschiedenen Texte liefert folgendes Ergebnis:

Konstanz der Fehlermenge	Anzahl der Texte	Relativer Anteil der Texte
Text mit 2 Abschnitten: 1. Abschnitt enthält mehr Fehler	24	53% der 45 Texte
Text mit 2 Abschnitten: 2. Abschnitt enthält mehr Fehler	19	42% der 45 Texte
Text mit 2 Abschnitten: Identische Fehlermenge	2	4% der 45 Texte
Text mit 4 Abschnitten: Fehlermenge nimmt erst ab, dann zu	5	71% der 7 Texte
Text mit 4 Abschnitten: Fehlermenge nimmt erst zu, dann ab	2	29% der 7 Texte
Text mit 4 Abschnitten: Identische Fehlermenge	0	nicht vertreten
Nicht bewertbar, da Text zu kurz oder keine Fehler	18	

Abb. 61: Konstanz der Fehlermenge

Bei den 45 in zwei Abschnitte unterteilten Texten weist in 24 Texten der zweite Textabschnitt weniger Abweichungen auf als der erste. Demgegenüber stehen 19 Texte, bei denen der zweite Abschnitt mehr Fehler aufweist als der erste. Nur zwei der in zwei Hälften unterteilten Texte weisen in beiden Textteilen dieselbe Fehlermenge auf.

Bei den in vier Abschnitte unterteilten Texten ist in allen 7 Texten eine Auf- und Abbewegung zu erkennen. In fünf Fällen nimmt die Fehlermenge zuerst ab und anschließend wieder zu, in den anderen zwei Texten nimmt sie zunächst zu und dann wieder ab.

Die Konstanz der Fehlermenge in verschiedenen Abschnitten wurde demnach in 52 Texten geprüft, von denen nur zwei (4%) eine konstante Fehlermenge aufwiesen. In 96% der Texte hingegen wurden Veränderungen der Fehlermenge im Verlauf des Textes festgestellt.

Zur Richtung der Veränderungen sind folgende Hypothesen möglich: Da mehr Texte mit einer höheren Fehlermenge im ersten Abschnitt beginnen, die danach abnimmt, ist davon auszugehen, dass die Mehrzahl der Autoren das Schreiben des Textes mit einem hohen Konzentrationsgrad beginnt und die Konzentration allmählich abnimmt, so dass sie zu

Beginn mehr Abweichungen als Teil der Verstellungsstrategie produzieren als im weiteren Verlauf des Textes. Da einige Texte auch einen entgegengesetzten Verlauf der Fehlermenge aufweisen, scheint es jedoch auch Autoren zu geben, die während des Schreibens immer geübter im Verwenden von Abweichungen werden, so dass sie im ersten Textabschnitt weniger Fehler einbauen als danach. Bei diesen Interpretationen ist zu berücksichtigen, dass beim Datenkorpus der vorliegenden Arbeit keine Informationen zum Schreibprozess verfügbar sind, so dass nicht bekannt ist, ob beispielsweise nachträgliche Fremdkorrekturen vorgenommen wurden (s. Kapitel 6.2.4).

Wie stark die Veränderungen sind, gestaltet sich in den einzelnen Texten sehr unterschiedlich. Der Grad der Veränderung kann mit dem Standardabweichungswert jedes Textes dargestellt werden, der sich jeweils aus den Fehlermengen der verschiedenen Textabschnitte eines einzelnen Textes ergibt. Diese Standardabweichungswerte variieren zwischen 0 – bei den zwei Texten, die in beiden Abschnitten dieselbe Fehlermenge aufweisen – und einem Maximalwert von 32,5. Der Text mit diesem Maximalwert enthält im ersten Textabschnitt drei Mal so viele Fehler wie im zweiten Abschnitt. Im Mittel ergibt sich eine Standardabweichung von 4,9 pro Text, um welche die verschiedenen Werte mit einer Streuung von 6,0 verteilt sind. Das zeigt, dass sich die Mehrzahl der Texte im unteren Drittel des Intervalls von 0-32,5 bewegt.

Beispiel:

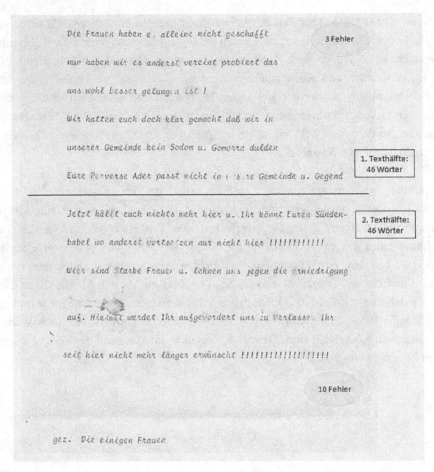

Abb. 62: Beispiel Konstanz der Fehlermenge (Text 2)

Dieser Text wurde in zwei Hälften à 46 Wörter geteilt. In der ersten Hälfte wurden drei Fehler identifiziert, das entspricht einem Fehlerquotienten von 6,5%, in der zweiten Hälfte hingegen 10 Fehler, was einem Fehlerquotienten von 21,7% entspricht. Die Fehlermenge ist in der zweiten Texthälfte mehr als drei Mal so hoch.

Bei der **Menge der verschiedenen Fehlertypen**, die pro Textabschnitt vorkommen, stellt sich der Verlauf in den Texten wie folgt dar:

Konstanz der Fehlertypenmenge	Anzahl d. Texte	Relativer Anteil d. Texte
Text mit 2 Abschnitten: 1. Abschnitt enthält mehr Fehlertypen	19	42% der 45 Texte
Text mit 2 Abschnitten: 2. Abschnitt enthält mehr Fehlertypen	23	51% der 45 Texte
Text mit 2 Abschnitten: Identische Fehlertypenmenge	3	7% der 45 Texte
Text mit 4 Abschnitten: Fehlertypenmenge nimmt ab	3	43% der 7 Texte
Text mit 4 Abschnitten: Fehlertypenmenge nimmt zu	3	43% der 7 Texte
Text mit 4 Abschnitten: Fehlertypenm. nimmt erst zu, dann ab	2	28% der 7 Texte
Text mit 4 Abschnitten: Identische Fehlertypenmenge	0	nicht vertreten
Nicht bewertbar, da Text zu kurz oder keine Fehler	18	

Abb. 63: Konstanz der Fehlertypenmenge

Bei den 45 in zwei Abschnitte unterteilten Texten weist in 19 Texten der zweite Textabschnitt weniger Fehlertypen auf als der erste. Dem stehen 23 Texte gegenüber, bei denen der zweite Abschnitt mehr Fehlertypen aufweist als der erste. Nur drei der in zwei Hälften unterteilten Texte weisen in beiden Textteilen dieselbe Menge an Fehlertypen auf.

Bei den 7 in vier Abschnitte unterteilten Texten nimmt die Menge der Fehlertypen pro Abschnitt in drei Texten im Verlauf ab, ebenfalls in drei Texten nimmt sie zu, und in zwei Texten nimmt sie zuerst zu und dann wieder ab.

Insgesamt ergibt sich demnach ein sehr ähnliches Bild wie bei der Fehlermenge: In nur drei der 52 Texte (6%) ist die Menge der Fehlertypen zwischen den verschiedenen Abschnitten des Textes konstant, 94% der Texte weisen Veränderungen der Fehlertypenmenge im Verlauf des Textes auf.

Der Grad der Veränderung kann auch hier mit der Standardabweichung abgebildet werden, sie ergibt sich jeweils aus den Fehlertypenmengen der verschiedenen Textabschnitte eines einzelnen Textes. Die Standardabweichungswerte variieren hier zwischen 0 – bei den drei Texten, die in beiden Abschnitten dieselbe Fehlertypenmenge aufweisen – und einem Maximalwert von 5,7. Beim Text mit diesem Maximalwert verdreifacht sich die Menge der Fehlertypen vom ersten Textabschnitt zum zweiten. Im Mittel ergibt sich ein Wert von 1,9 pro Text, um den die verschiedenen Werte mit einer Standardabweichung von 1,2 streuen. Das zeigt, dass sich die Mehrzahl der Texte in der unteren Hälfte des Intervalls von 0-5,7 befindet.

Beispiel:

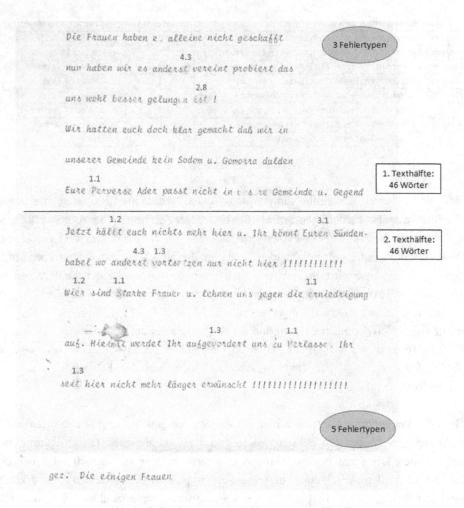

Abb. 64: Beispiel Konstanz der Fehlertypenmenge (Text 2)

In dem Beispieltext kommen im ersten Textabschnitt drei Fehlertypen vor (4.3, 2.8 und 1.1), im zweiten Abschnitt sind es fünf Fehlertypen (1.2, 3.1, 4.3, 1.3 und 1.1). In diesem Fall gehen Erhöhung der Fehlermenge und Erhöhung der Fehlertypenmenge Hand in Hand, in anderen Texten verlaufen sie voneinander unabhängig.

Allgemein lässt sich zur Anzahl der Fehlertypen pro Text sagen, dass sie sich zwischen 0 Fehlertypen bei den Texten ohne jegliche Abweichung und 21 unterschiedlichen Fehlertypen im Text mit dem höchsten Wert bewegt. Da die Abweichungen in dieser Arbeit in insgesamt 24 Fehlertypen unterschieden wurden, deckt dieser Text ganze 88% der im Korpus vorkommenden Fehlertypen ab. Im Durchschnitt enthalten die Texte 8,3 Fehlertypen (Standardabweichung 5,0).

Die detaillierte Untersuchung der **Konstanz der vorkommenden Fehlertypen** pro Text ergibt:

Konstanz der Fehlertypen (FT)	Anzahl d. Texte	Relativer Anteil d. Texte
Text mit 2 Abschnitten: Mehr FT, die nur in 1 Abschn. vorkommen	34	76% der 45 Texte
Text mit 2 Abschnitten: Mehr FT, die in beiden Abschn. vorkommen	7	16% der 45 Texte
Text mit 2 Abschnitten: Identische Anzahl	4	9% der 45 Texte
Text mit 4 Abschnitten: Mehr FT kommen in mehreren Abschn. vor	5	71% der 7 Texte
Text mit 4 Abschnitten: Mehr FT kommen nur in einem Abschn. vor	2	28% der 7 Texte
Nicht bewertbar, da Text zu kurz oder keine Fehler	18	

Abb. 65: Konstanz der Fehlertypen

76% der Texte mit zwei Abschnitten (34 von 45 Texten) enthalten mehr Fehlertypen, die nur in einem der beiden Textteile vorkommen, als Fehlertypen, die in beiden Textteilen vorkommen. Demgegenüber stehen 16% (7 von 45 Texten), die mehr Fehlertypen enthalten, die in beiden Textteilen vorkommen, als solche, die nur in einem vertreten sind. In den übrigen vier Texten mit zwei Abschnitten kommt beides gleich oft vor.

Bei den Texten mit vier Abschnitten lässt sich festhalten, dass in der Mehrzahl der Texte (5 von 7) mehr Fehlertypen in mehreren Textabschnitten vorkommen als nur in einem, selten jedoch in allen vieren.

Die Tatsache, dass beim Großteil der Texte die meisten Fehlertypen nur in einzelnen Textabschnitten vorkommen, legt die Hypothese nahe, dass die Autoren ihr Verstellungsfehlerprofil nicht planen und anschließend versuchen umzusetzen, sondern vielmehr intuitiv und spontan Abweichungen konstruieren, so dass die Verwendung der unterschiedlichen Fehlertypen nicht konstant ist.

In dem auf der vorvorherigen Seite gezeigten Beispiel sind folgende Fehlertypen zu finden:

Fehlertyp (FT)	Items	Textabschnitte (TA)
1.1: Groß-/Kleinschreibung (GKS)	4	TA 1 + TA 2
1.2: Dehnungs- und Verkürzungsgrapheme	2	TA 2
1.3: Graphemwahl	3	TA 2
2.8: Verbstellung	1	TA 1
3.1: KNG-Kongruenz	1	TA 2
4.3: Auslassung/Ergänzung von Graphemen	2	TA 1 + TA 2
6 Fehlertypen	13 Fehler	

Abb. 66: Fehlertypen im Beispieltext zur Konstanz

Der Text enthält 6 unterschiedliche Fehlertypen, von denen zwei Drittel (4 FT) in nur einem der beiden Textabschnitte vorkommen.

Insgesamt zeichnen sich die Texte des Datenkorpus somit durch eine hohe Inkonstanz bezüglich Fehleranzahl und Fehlertypen im Verlauf der einzelnen Texte aus.

Abschließend zur Fehlerkonstanz wird nun überprüft, ob **fehlerhafte und korrekte Formen** desselben Typs in den Texten gleichzeitig vorkommen. Das heißt, nachdem die Fehlertypen in den Texten bereits bekannt sind, wird nun untersucht, ob das, was falsch gemacht wurde, an anderen Stellen des Texts richtig gemacht wurde. Was darunter verstanden wird, zeigen die folgenden Beispiele.

Beispiel 1:

> Freunde von rumänischen opera noch suchen sänger in knabenchor. Wenn du nicht wollen zahlen 850 000 Euro an frau dann du kannst singen. Du zaalen bis . Später wirt teuer mit fiel schmerz. Wir nämen auch freund fon dir mit in chor. Dann kostet aber 1 000 000 Euro. Wir haben fiele meglichkeiten dir hohe stimme machen. Leben ist schön, nicht schon, wen du nich zeigen herz.

Abb. 67: Beispiel aus Text 30

In der letzten Zeile finden sich hier die Abweichungen „nich" und „schon", in derselben Zeile tauchen jedoch auch die korrekten Entsprechungen „nicht" und „schön" auf. Außerdem werden in der 2. Person Singular Inifinitive verwendet statt konjugierter Verben (z.B. „Wenn du nicht wollen zahlen", Z.1-2), bei anderen Personen jedoch nicht (z.B. 3. Person Singular „wirt teuer", Z.3) und auch in der 2. Person Singular gibt es mit „du kannst" (Z.2) eine korrekt konjugierte Verbform. Dem gegenüber steht die durchgängige Auslassung von Determinativen, z.B. „hohe stimme machen" (Z.5) statt „eine hohe Stimme zu machen" ohne korrekte Vorkommen.

Beispiel 2:

> Lesse die brief wenn polizeieinschalte dann könnte sohn vergißt wenn sohne helfen wolt dann bezahlet eigentlich wollten wir warten bise da von knaste wieder raus ist aber wier brauchen nur das gelde dass er uns schultet 30000 wier haben ihm geld gezahlet und er zahlt nichte zurück schon seite längere wier haben genug gewamt ihm alles war egal sogar in seiner haus wir happben einbruch und warnunge aber dasse auch egal ihm war wir haben ihm sogar krankenhaus reife gemacht das ihm auch egal auch als wir machen die in knast hat er nicht geglauben nun ist er unschuldig in knast es war leicht die arschlocher von polizei auf zu bringen hat uns zwar geld gekösten aber unse verarschen niemand wir wissen ihn hatt viel geld und alle eltern helfen den kinder das ihre auch weißt dass wir diese sinde was das alles gemacht habene hier eine kleine beweise gehe internete benutzername passwort da seht ihr was wir allese der scheise polizei geschriebene habehe ha ha ha wir fahren nun urlaub und wenn wir wieter kommen wolen wir unsere gelde habee wenn scheise polizei das einschaltene wir dase marken dann könnt ihr alles vergessen wenn bezahle die schulden von sohn wir geben euch beweiße für unschult von sohn beweise für unschuld von sohn iste viedo von richtige anzunder und da laptop keine polizei viva la revulution ende

Abb. 68: Beispiel aus Text 31

Dieser Text enthält zahlreiche Abweichungen, die darin bestehen, dass ein 'e' an Wörter angehängt wird, z.B. „gelde" (Z.3), „habene" (Z.12), „iste" (Z.15) und „sohne" (Z.1). Es tauchen jedoch auch die Entsprechungen ohne angehängtes 'e' auf: „geld" (Z.3), „haben" (Z.4), „ist" (Z.2) und „sohn" (Z.1).

Beispiel 3:

Abb. 69: Beispiel aus Text 6/2

In diesem Text findet sich in der ersten Zeile die KNG-Abweichung „IN DIE REINENFOLGE" statt „in der Reihenfolge". In Zeile 7 wird dann jedoch mit „IN DER GLEICHEN REIENFOLGE" die korrekte KNG-Kongruenz verwendet.

Insgesamt machen die Abweichungen, zu denen sich im jeweiligen Text auch korrekte Formen finden, 98,7% aller Abweichungen aus (2644 Items). Nur 34 der 2678 Abweichungen (1,3%) weisen im gesamten Text nur weitere fehlerhafte Formen, aber keine korrekten Entsprechungen auf. Diese 34 Abweichungen stammen aus 9 Texten des Korpus (12,9% der insgesamt 70 Texte).
Folgende Fehlerkategorien sind vertreten: 1.1 (5 Items), 1.2 (2 Items), 1.3 (4 Items), 2.1 (6 Items), 2.8 (2 Items), 3.2 (4 Items), 3.4 (8 Items), 4.2 (3 Items).[6]

---

[6] Bezeichnungen der Fehlerkategorien: s. Tabelle auf S.91

Die große Mehrheit der Texte enthält demzufolge keine Abweichungen ohne korrekte Entsprechungen, im Text mit der höchsten Anzahl solcher Abweichungen sind es 9 Items. Im Durchschnitt enthält jeder Text weniger als eine Abweichung ohne korrekte Vorkommen (Mittelwert: 0,5). Der Anteil, den diese Items an der Gesamtabweichungsmenge in den 9 Texten haben, variiert: Am einen Ende der Skala steht ein Text, in dem nur vier Abweichungen insgesamt identifiziert wurden, jedoch keiner dieser vier Abweichungen eine korrekte Form gegenüber steht (Anteil der Abweichungen ohne korrekte Vorkommen im Text: 100%). Das andere Ende der Skala ist der bereits genannte Text mit 9 Abweichungen ohne korrekte Entsprechungen, diese 9 Abweichungen machen allerdings nur 4,3% der insgesamt 209 Abweichungen in dem Text aus. Auch der Durchschnittswert pro Text ist mit 3,9% sehr gering.

Der hohe Anteil an Abweichungen, denen korrekte Entsprechungen gegenüberstehen, könnte ein Indikator dafür sein, dass der Großteil der identifizierten Abweichungen in den Texten konstruierte Fehler sind und keine Fehler, die unabsichtlich gemacht wurden (s. Kapitel 6.2.3).

6.2.4 Plausibilität der Fehlerprofile

Auf der Grundlage der verschiedenen Schritte der Fehleranalyse wird nun in diesem letzten Schritt die Plausibilität/Authentizität der Fehlerprofile untersucht. Hierbei spielen die Ursachen der Abweichungen eine wesentliche Rolle, mit denen sich auch die klassische Fehleranalyse befasst.

Wichtig für die vorliegende Arbeit ist dabei die Zuweisung der Fehler zu den beiden folgenden Kategorien:

    1) Fehler, die unabsichtlich gemacht wurden, also nicht Teil der Verstellung sind.

        Hierbei ist zu unterscheiden zwischen „errors" und „mistakes". Diese Differenzierung stammt von Corder (1967) und lehnt sich an die Trennung von Kompetenz und Performanz nach Chomsky an.

    a)   Unter „mistakes" versteht man Fehler, die nicht die Kompetenz des Sprechers/Autors widerspiegeln, sondern durch mangelnde Konzentration u.ä. hervorgerufen werden – z.B. Flüchtigkeitsfehler, Versprecher oder Verschreiber. Diese Fehler sind situationsabhängig, meist einmalig und können vom Sprecher/Autor selbst verbessert werden (vgl. Hufeisen 1991: 59).

    b)   Unter „errors" hingegen versteht man systematische Fehler, „die auf einem Wissens- oder Regeldefizit (...) beruhen" (Legenhausen 1975: 25f.). Der Sprecher/Autor kann diese Fehler nicht selbst verbessern, da sie nach den Regeln seines Sprachsystems keine Fehler sind.

2) Fehler, die bewusst gemacht wurden und somit Teil der Verstellungsstrategie ausmachen.

Es gilt deshalb, Strategien und Hilfsmittel zu finden, um Hypothesen darüber aufstellen zu können, welche Fehler zu den Verstellungen gehören und welche nicht („errors" oder „mistakes").

Wichtig ist hierbei, dass alle angegebenen Erklärungen Ursachenhypothesen sind, da sich oft nicht eindeutig entscheiden lässt, warum der Autor einen bestimmten Fehler macht, und viele Fehler aus einem ganzen Komplex von Ursachen entstehen (Plurikausalität). Dass es sich bei dem Datenkorpus um schriftsprachliche Texte handelt, verstärkt dieses Problem:

> „Während man bei gesprochener Sprache der Textproduktion unmittelbar beiwohnt, also hören kann, ob ein Sprecher unter Stress steht, wo er stockt, wo er unsicher ist und korrigiert, ist dies bei schriftsprachlichen Texten nicht möglich. Sichtbar ist nur das Produkt. Korrekturen und Unsicherheiten müssen keine Spuren hinterlassen, auch Fremdkorrektur ist möglich. Treten dennoch Spuren auf, so sind sie Gegenstand von Interpretation, eindeutig sind sie in den seltensten Fällen. Die Produktion von Sprache wird nicht nur durch die Elemente und Regeln der Sprache bestimmt, sondern von zahlreichen Einflüssen, die am fertigen Textprodukt nicht mehr rekonstruierbar sind. Ein sprachlicher Befund kann viele Ursachen haben, die sehr genau bedacht werden müssen. Eine Bewertung oder Interpretation von Texten ist daher nicht trivial und muss sehr umsichtig vorgenommen werden."
> (Dern 2009: 34)

Als erster Ansatz zur Plausibilitätsbeurteilung der Fehlerprofile wird die **kumulierte Auswertung der Ergebnisse aller analysierten Merkmale zur Fehlerkonstanz** gewählt. Hierfür wurden den vier untersuchten Merkmalen folgende Ausprägungen zugewiesen:

(a) Fehlermenge
   Konstante Fehlermenge in den verschiedenen Textabschnitten: ja, nein, nicht bewertbar (keine Fehler im Text oder Text zu kurz)

(b) Menge der Fehlertypen
   Konstante Fehlertypenmenge in den verschiedenen Textabschnitten: ja, nein, nicht bewertbar

(c) Fehlertypen
   Mehr (oder gleich viele) Fehlertypen, die in mehreren Textteilen vorkommen, als Fehlertypen, die nur in einem Textteil vorkommen: ja, nein, nicht bewertbar

(d) Fehler ohne korrekte Vorkommen
   Fehler ohne korrekte Vorkommen im Text enthalten: ja, nein

Es ergibt sich folgendes Bild:

Merkmalkombination	Anzahl der Texte	Relativer Anteil der Texte
Merkmal (a)-(c) sind nicht bewertbar, (d) nicht konstant	14	78% der 18 Texte
Merkmal (a)-(c) sind nicht bewertbar, (d) konstant	4	22% der 18 Texte
4 Merkmale nicht konstant	29	56% der 52 Texte
3 Merkmale nicht konstant, 1 Merkmal konstant	19	37% der 52 Texte
2 Merkmale nicht konstant, 2 Merkmale konstant	4	8% der 52 Texte
1 Merkmal nicht konstant, 3 Merkmale konstant	0	nicht vertreten
4 Merkmale konstant	0	nicht vertreten

Abb. 70: Kumulierte Auswertung der Fehlerkonstanzmerkmale

Von den 70 Texten des Datenkorpus sind 18 zu kurz oder enthalten keine Fehler, so dass die Konstanz über verschiedene Textabschnitte hinweg nicht untersucht werden konnte. In diesen Fällen wurde ein „nicht bewertbar" vermerkt und nur das Vorkommen korrekter Formen zu Abweichungen überprüft. 78% dieser Texte sind bezüglich des verbleibenden Merkmals nicht konstant, 22% weisen eine Konstanz auf.

Alle anderen 52 Texte wurden hinsichtlich aller vier gewählter Fehlerkonstanzmerkmale untersucht, wobei in 92% dieser Texte mehr als die Hälfte der untersuchten vier Merkmale inkonstant ist. Texte mit einem größeren Anteil an konstanten Merkmalen als an inkonstanten, d.h. mit drei bis vier konstanten Merkmalen, sind im Korpus gar nicht vertreten.

Die Fehlerkonstanz kann demnach als sinnvolles Hilfsmittel angesehen werden, um die Plausibilität von Fehlerprofilen in Verstellungsfragen zu untersuchen.

Weiterhin relevant zur Prüfung der Plausibilität der Fehlerprofile sind die **Kombinationen verschiedener Fehlertypen bzw. das Fehlen bestimmter Fehlertypen** innerhalb der einzelnen Texte. Dern zeigte dies in ihrem Artikel aus dem Jahr 2009 (s. Kapitel 3) anhand eines Textes, der auch Bestandteil des Datenkorpus der vorliegenden Untersuchung ist:

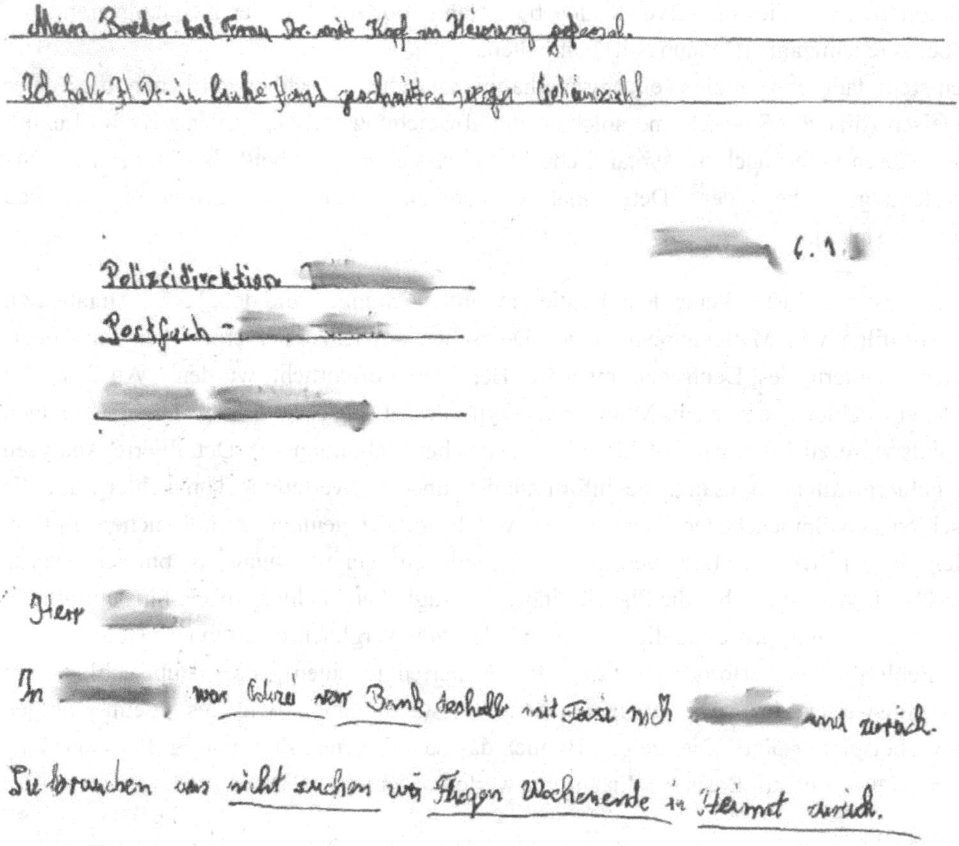

Abb. 71: Beispiel aus Text 12

Die Untersuchung der Fehlertypen ergibt:

> „Die Fehlerhaftigkeit des Schreibens beschränkt sich weitgehend auf die Ebene der Grammatik, dort klischeehaft auf die Auslassung der Artikel. (…) die Wortstellung des Deutschen wird korrekt realisiert. (…) Die Korrektheit der Wortverwendung sowie der Orthografie in weiten Teilen ist vor dem Hintergrund der Fehlerhaftigkeit auf grammatischer Ebene auffällig."
> (Dern 2006: 26)

Der Text weist zahlreiche Auslassungen von Determinativen auf, so z.B. bei „vor Bank" und „mit Taxi". Der Satzbau ist hingegen normgerecht wie z.B. „Sie brauchen uns nicht suchen" zeigt. Auch die lexikalische und orthographische Ebene enthalten keine Fehler: Ausdrücke wie „in linke Hand geschnitten" und „wegen Geheimzahl" sind nur aufgrund der Determinativauslassungen fehlerhaft, obwohl sie z.B. orthographische potentielle

Fehlerquellen wie die Auslautverhärtung bei „Hand" ('d' statt 't') oder Dehnungsgrapheme wie bei „Geheimzahl" (Dehnungs-h) beinhalten.

Es entsteht dadurch zum einen ein Missverhältnis zwischen sprachlichen Ebenen, die Fehler aufweisen (hier die Syntax), und solchen, die abweichungsfrei sind (hier z.B. die Lexik). Zum anderen liefert auch die syntaktische Ebene in sich kein einheitliches Bild, indem die Abweichungen bei der Determinativverwendung dem normgerechten Satzbau gegenüberstehen.

Leider existieren bisher keine dokumentierten Untersuchungen, die detaillierte Angaben zu Fehlerprofilen von Muttersprachlern des Deutschen sowie zu Fehlerprofilen von Nicht-Muttersprachlern des Deutschen machen. Bereits veröffentlicht wurden Auflistungen typischer Fehler von Nicht-Muttersprachlern des Deutschen[7] oder Untersuchungen beispielsweise zu Rechtschreibfehlern von deutschen Schulkindern[8]. Detaillierte Analysen von Fehlerprofilen insgesamt, die Informationen über die Verteilung von Fehlern auf die verschiedenen Sprachebenen oder darüber, welche Fehler gemeinsam auftauchen, liefern, fehlen bisher jedoch. Der Vergleich mit solchen Untersuchungsergebnissen würde zuverlässige Aussagen über die Plausibilität von „fraglichen" Fehlerprofilen hinsichtlich der vertretenen Fehlertypen ermöglichen. Das Fehlen von Vergleichsdaten macht Bewertungen von Fehlerprofilen erforderlich (z.B. für Expertengutachten), die hauptsächlich auf Erfahrungswerte des Analysten/Gutachters gestützt sind, wie es beim obigen Analysebeispiel erfolgte. Dies zeigt z.B. auch das nachfolgende Zitat von Spillner, das eine weitere Bewertung auf Basis von Erfahrungswerten beschreibt:

> „Die Fehleranalyse wird außerdem erweisen, ob auffällige Fehler im Gesamtbild stimmig sind. So wird man bei Orthographiefehlern im Grundwortschatz stutzig werden, wenn im selben Text schwierige Fremdwörter richtig geschrieben sind oder die Regeln der Kommasetzung korrekt angewendet sind. Häufig läßt sich schon allein deswegen ein sprachlicher Fehler als fingiert vermuten, als er linguistisch sehr unwahrscheinlich konstruiert ist."
> (Spillner 1990: 103)

Interessant ist zu guter Letzt, dass die Fehler in den Texten insgesamt selten die Verständlichkeit beeinflussen. Sie verletzen zwar die Norm, aber die Verständlichkeit der Äußerung wird durch sie nicht oder kaum beeinträchtigt. Hierzu wurden die Muttersprachler, die die Fehler identifizierten, nach jedem Abschnitt gefragt, wie sie den Inhalt des Abschnittes verstehen, und ob es Verständnisschwierigkeiten gibt. Dieses Ergebnis passt zu der Hypothese, dass sich Verstellungswille und Sicherstellung der Verständlichkeit des Inhalts entgegenstehen (s. Kapitel 3).

---

[7] Beispiel: Dern 2003: 46 und Dern 2006:26
[8] Beispiel: Menzel 1985

6.2.5 Zusammenfassung und Interpretation der Analyseergebnisse

Die Ergebnisse der Fehleranalyse lassen sich wie folgt zusammenfassen:

1) Fehleridentifizierung:
Zur Identifizierung der Fehler wurden Beurteilungen mehrerer deutscher Muttersprachler herangezogen, um eine dem Untersuchungsgegenstand sinnvoll angepasste Norm zugrundezulegen und um ideolektale Artefakte zu vermeiden.
Es wurden 2.678 Abweichungen in den 70 Texten des Datenkorpus identifiziert.
Sowohl die Fehlermenge pro Text (0-702) als auch der Fehlerquotient pro Text (0-71,7) variieren sehr stark. Das heißt, es gibt Verstellungsstrategien, die Fehler als Verstellungsmerkmal nutzen, und andere, bei denen Fehler kein Teil der Strategie sind. Wie stark die Fehlerhaftigkeit als Verstellungsmerkmal ausgeprägt ist, gestaltet sich bei den erstgenannten Texten sehr unterschiedlich, was auf die unterschiedlichen Verstellungstypen zurückgeführt werden kann.

2) Fehlerklassifizierung:
Die Fehler wurden mit folgenden Anteilen den verschiedenen sprachlichen Ebenen zugeordnet:

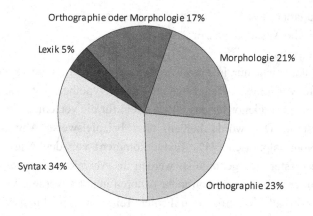

Abb. 72: Sprachliche Ebenen der Abweichungen

Die meisten Abweichungen entfallen auf die Syntax (34%), die wenigsten auf die Lexik (5%). Dazwischen liegen die Orthographie (23%), die Morphologie (21%) und die Mischebene 'Orthographie oder Morphologie' (17%). Im Bereich der Pragmatik wurden keine Fehler identifiziert.

99

Abweichungen der verschiedenen sprachlichen Ebenen kommen in jeweils sehr vielen Texten vor (50% bei der lexikalischen Ebene - 83% bei der Ebene 'Orthographie oder Morphologie'). Dies kann ein Indikator dafür sein, dass alle genannten sprachlichen Ebenen von Verstellungen der Fehlerprofile betroffen sind, manche Ebenen hierfür jedoch stärker und/oder häufiger genutzt werden als andere.

Darüberhinaus decken die Abweichungen in fast 70% der Texte mindestens vier der fünf sprachlichen Ebenen ab. Dies widerspricht der These, dass ein wesentliches Merkmal von Verstellungen ist, dass die Fehlerverteilung auf die verschiedenen sprachlichen Ebenen Diskrepanzen aufweist, da sie unterschiedlich bewusst sind (s. Kapitel 3). Es muss jedoch berücksichtigt werden, dass die identifizierten Abweichungen sowohl Abweichungen enthalten, die Teil der Verstellungsstrategien sind, als auch Abweichungen, bei denen es sich um 'mistakes' oder 'errors' handelt (s. Kapitel 6.2.4).

Die am häufigsten vertretenen Fehlertypen sind:
- (a) Syntaktische Auslassungen: 23%
- (b) Groß-/Kleinschreibung (GKS): 14%
- (c) Kongruenz in Nominalphrasen (KNG): 11%
- (d) Satzstellung: 10%
- (e) Dehnungs- und Verkürzungsgrapheme: 10%
- (f) Graphemwahl: 9%
- (g) Verbkonjugation: 8%
- (h) Graphemische Auslassungen/Ergänzungen: 6%
- (i) Lexemwahl: 5%

Alle Fehlertypen sind nicht nur in einzelnen Texten vertreten, sondern kommen in einer Vielzahl der Texte vor (33%-74%). Eine mögliche Hypothese ist, dass der Grad des Textvorkommens einen Indikator für das Bewusstsein für die verschiedenen Fehlertypen bei den Autoren darstellt. Das würde heißen, dass beispielsweise Abweichungen in der Kongruenz von Nominalphrasen (74% Textvorkommen) von den Autoren der Texte als markanter und bewusster wahrgenommen werden als Abweichungen bei der Satzstellung (51% Textvorkommen), so dass sie von mehr Autoren genutzt werden. Es ist allerdings zu bedenken, dass nicht alle identifizierten Fehler Teil der Verstellungsstrategien sind (s. Kapitel 6.2.4).

3) Konstanz der Fehlerhaftigkeit:

Bei diesem Analyseschritt wurden 18 Texte nicht berücksichtigt, da sie zu kurz waren oder keine Fehler enthielten. Die 52 untersuchten Texte lieferten folgende Ergebnisse:

In fast allen Texten (96%) wurden Veränderungen der Fehlermenge zwischen den verschiedenen Textabschnitten festgestellt. Der Grad der Veränderung fällt sehr unterschiedlich aus, bis hin zur Verdreifachung der Fehleranzahl in einem Textabschnitt gegenüber anderen. Sowohl eine zunehmende als auch eine abnehmende Fehleranzahl sowie eine schwankende Bewegung in längeren Texten sind vertreten. Dies kann ein Indikator dafür sein, dass bei manchen Autoren die Konzentration im Laufe des Schreibprozesses abnimmt, so dass sie dann weniger Fehler einbauen, während andere immer geübter im Produzieren von Abweichungen werden, so dass die Fehlermenge zunimmt. Bei Interpretationen hierzu muss berücksichtigt werden, dass beim Datenkorpus der vorliegenden Arbeit keine Informationen zu den Schreibprozessen verfügbar sind, so dass beispielsweise nachträgliche Fremdkorrekturen nicht ausgeschlossen werden können (s. Kapitel 6.2.4).

Ebenso ist die Menge der Fehlertypen in fast allen Texten (94%) im Verlauf der Texte inkonstant. Auch hier variiert der Grad der Veränderung in den verschiedenen Texten, und es wurden Verläufe in beide Richtungen sowie schwankende Bewegungen festgestellt. Der Maximalwert besteht ebenso in einer Verdreifachung der Fehlertypenmenge zwischen den beiden Hälften eines Textes.

In 69% der Texte kommt die Mehrzahl der Fehlertypen in nur einem der Textabschnitte vor, so dass sich ein heterogenes Bild der Fehlertypen ergibt, wenn man die verschiedenen Textabschnitte miteinander vergleicht. Dies könnte ein Hinweis darauf sein, dass die meisten Autoren ihr Verstellungsfehlerprofil nicht planen und anschließend versuchen umzusetzen, sondern Abweichungen intuitiv und spontan konstruieren.

Bei der Überprüfung der vertretenen Abweichungen auf korrekte Formen in den einzelnen Texten wurden erneut alle Texte berücksichtigt, die Fehler enthalten. Hierbei stellte sich heraus, dass zu fast allen Fehlern auch korrekte Vorkommen in dem jeweils selben Text zu finden sind (98,7%). In nur 9 Texten fanden sich auch Fehler ohne korrekte Formen im restlichen Text. Im Durchschnitt enthält jeder Text weniger als eine Abweichung ohne korrekte Entsprechung in demselben Text. Dies könnte ein Hinweis darauf sein, dass es sich beim Großteil der identifizierten Abweichungen in den Texten um konstruierte Fehler handelt und nicht um Fehler, die unabsichtlich gemacht wurden (s. Kapitel 6.2.3).

Insgesamt zeichnet sich die Fehlerhaftigkeit in den Texten demnach durch eine hohe Inkonstanz aus. Diese Ergebnisse bestätigen die im Kapitel zum Forschungsstand (Kapitel 3) genannten Thesen, dass Verstellungen dadurch gekennzeichnet sind, dass sowohl fehlerhafte als auch korrekte Realisierungen gleichzeitig auftauchen und die Fehlerhaftigkeit nicht gleichbleibend intensiv ist.

4) Plausibilität der Fehlerprofile:
Bei den 52 Texten, die allen Analyseschritten zur Konstanz der Fehlerhaftigkeit unterzogen wurden, sind 92% bei mehr als der Hälfte der untersuchten vier Merkmale inkonstant. Texte

mit einem größeren Anteil an konstanten als inkonstanten Merkmalen sind im Korpus gar nicht vertreten.

Die Fehlerkonstanz kann deshalb ein sinnvolles Werkzeug sein, um die Plausibilität von Fehlerprofilen zu prüfen.

Ein weiteres sinnvolles Werkzeug zur Analyse der Plausibilität kann die Prüfung der Kombination verschiedener Fehlertypen bzw. des Fehlens bestimmter Fehlertypen sein. Hierbei lassen sich Missverhältnisse in der Fehlerhaftigkeit zwischen verschiedenen sprachlichen Ebenen und innerhalb einzelner Ebenen feststellen. Ein Forschungsdesiderat stellen Untersuchungen dar, die unverstellte Fehlerprofile von Muttersprachlern und Nicht-Muttersprachlern des Deutschen detailliert hinsichtlich solcher Kombination analysieren. Solche Untersuchungen wären bei der Bewertung vermeintlich verstellter Fehlerprofile als Vergleichsgrundlage von großer Bedeutung, um empirisch fundierte Aussagen treffen zu können anstelle von Bewertungen, die ausschließlich auf der Grundlage linguistischer Erfahrungswerte der Gutachter/Analysten fußen.

Des Weiteren kommen in den Texten kaum Abweichungen vor, die die Verständlichkeit der Äußerungen beeinträchtigen. Dies stützt die These, dass sich Verstellungswille und Sicherstellung der Verständlichkeit des Inhalts entgegenstehen (s. Kapitel 3).

6.3 Verstellungstypen

Im **Forschungsstand** (Kapitel 3) wurden verschiedene **Klassifikationsmöglichkeiten** von sprachlichen Verstellungstypen in inkriminierten Texten aus der Forschungsliteratur vorgestellt. Ihre **Repräsentation im Datenkorpus** dieser Arbeit sieht wie folgt aus:

I) Simulatorisch und dissimulatorisch (Ehrhardt, Braun)
Im Datenkorpus lassen sich sowohl Texte finden, in denen der Autor versucht, den Stil einer anderen Person oder Gruppe zu imitieren (simulatorisch), als auch Texte, in denen der Autor seinen eigenen Stil verändert/verfremdet hat (dissimulatorisch).
Beispiel für eine simulatorische Verstellung:

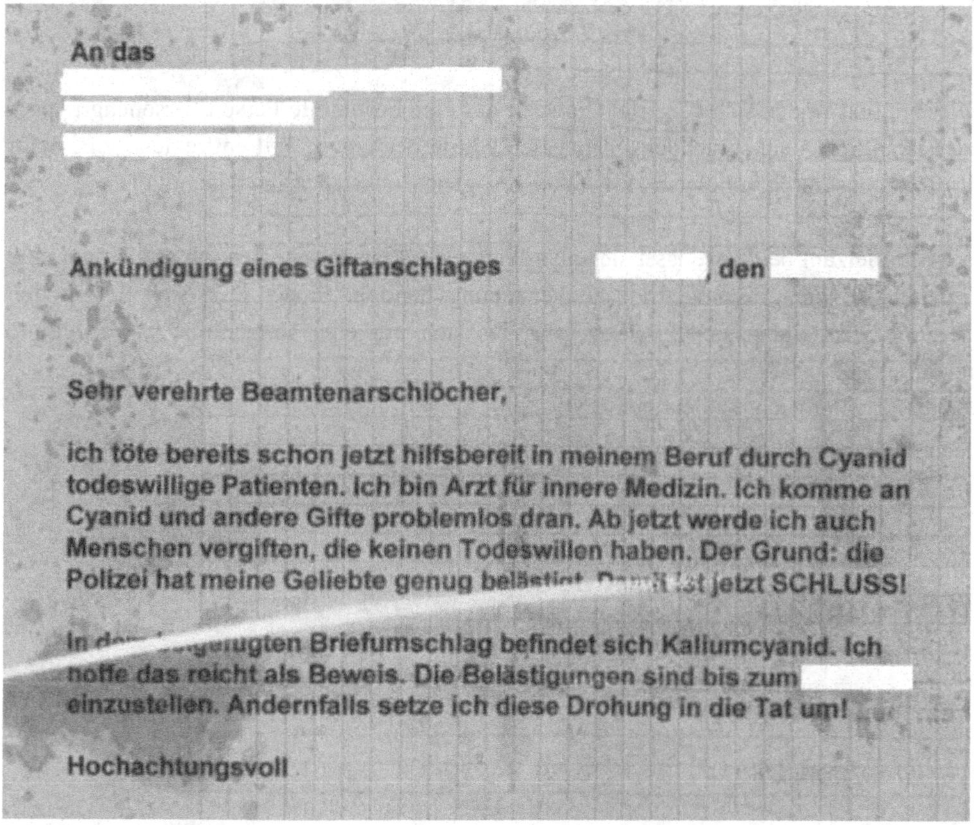

An das

Ankündigung eines Giftanschlages   , den

Sehr verehrte Beamtenarschlöcher,

ich töte bereits schon jetzt hilfsbereit in meinem Beruf durch Cyanid todeswillige Patienten. Ich bin Arzt für innere Medizin. Ich komme an Cyanid und andere Gifte problemlos dran. Ab jetzt werde ich auch Menschen vergiften, die keinen Todeswillen haben. Der Grund: die Polizei hat meine Geliebte genug belästigt. Damit ist jetzt SCHLUSS!

In dem beigefügten Briefumschlag befindet sich Kaliumcyanid. Ich hoffe das reicht als Beweis. Die Belästigungen sind bis zum   einzustellen. Andernfalls setze ich diese Drohung in die Tat um!

Hochachtungsvoll

Abb. 73: Beispiel Text 16/16

Der Autor dieses Textes gibt vor, Arzt für innere Medizin zu sein. Dies geschieht über die inhaltlichen Aussagen, jedoch auch über die Imitation von sprachlichen Merkmalen wie z.B. der Wortwahl. Es wird demnach nicht der eigene Stil entfremdet, sondern der Sprachstil einer anderen Person/einer anderen Personengruppe – in diesem Fall einer Berufsgruppe – nachgeahmt.

Beispiel für eine dissimulatorische Verstellung:

Abb. 74: Beispiel aus Text 16/4

In diesem Text finden sich keinerlei Hinweise auf eine bestimmte Person/Personengruppe – weder inhaltlich noch sprachlich. Stattdessen wurde der eigene Stil entfremdet, z.B. beim Schriftbild, das durch mit einem Hilfsmittel gezogene Buchstabenlinien geprägt ist.

Bei einer Vielzahl der Texte lässt sich allerdings nicht klar entscheiden, ob es sich um eine simulatorische oder dissimulatorische Verstellung handelt. Sicher lässt sich nur in den Fällen mit Verstellungshinweis sagen, dass es sich um eine simulatorische Verstellung handelt.

Beispiel für einen nicht eindeutigen Text:

LEBENSMITTELN VERGIGFTET WERDEN
OHNE WARNUNG
LANGFRISTIG
UNREGELMÄSSIG
ÜBERALL IN DEUTSCHLAND IN IHREN GECHÄFTEN.

MIT FREUNDICHEN GRÜSSEN

U.CO

Abb. 75: Beispiel aus Text 27/10

Bei diesem Text könnte es sich sowohl um eine simulatorische Verstellung als auch um eine dissimulatorische Verstellung handeln. Es gibt keinen inhaltlichen Verstellungshinweis, und die sprachlichen Merkmale sind nicht eindeutig. Es könnte sich beispielsweise um die Imitation eines Nicht-Muttersprachlers handeln, hierdurch ließen sich z.B. die Abweichungen „Lebensmitteln" statt „Lebensmittel" und „Gechäften" statt „Geschäften" erklären. Der telegrammartige Stil, in dem mehrere Punkte genannt werden, ohne vollständige Sätze oder Kommata zu verwenden, könnte allerdings auch auf eine Verfremdung des eigenen Stils hindeuten. Eine eindeutige Zuordnung zu simulatorischen oder dissimulatorischen Verstellungen lässt sich deshalb bei diesem Text nicht vornehmen.

Simulatorische Verstellungen sind im Datenkorpus mit 33% (23 Texte) vertreten, dissimulatorische mit 11% (8 Texte). Bei 56% (39 Texte), das heißt bei mehr als der Hälfte der Texte lässt sich keine eindeutige Zuordnung vornehmen.

II) Nicht-Muttersprachlichkeit und schlechteres muttersprachliches Sprachvermögen (Dern)
Dern nennt insgesamt vier Verstellungsstrategien, wobei zwei der Strategien der Unterscheidung zwischen simulatorisch und dissimulatorisch entsprechen. Hinzu kommt die Abgrenzung der Vortäuschung von Nicht-Muttersprachlichkeit und der Vortäuschung eines schlechteren muttersprachlichen Sprachvermögens. Auch diese zwei Typen finden sich im Datenkorpus wieder:
Beispiel für die Vortäuschung von Nicht-Muttersprachlichkeit:

ICH SCHREIBE JETZT DAS BRIEF FÜR MEINE FREUNDE;
ICH NICHT KENNEN DIESE TERRORISTEN; ABER MEINE FREUNDE; MEINE FEUNDE MICH
BETEN; DAS BRIEF SIE SCREIBEN; SEHR SHER WICHTIG
DIESE FREUNDE NICHTS MEHR IN DEUTSCHLAND; SCHON VERLASSEN;
UND DIESE FREUNDE DEUTSCH NOCH SCHLECHT WIE MEIN DEUTSCH; ALSO
ICH SCHREIBEN
BITTE ENTSCHULDEGUNG WEGEN MEIN DEUTSCH;

Abb. 76: Beispiel aus Text 29

Der Autor dieses Textes gibt vor, nur schlecht Deutsch zu sprechen. Außerdem berichtet er von seinen Freunden, die noch schlechter Deutsch sprächen als er sowie Deutschland bereits verlassen hätten. Es handelt sich um eine eindeutige Verstellung als Nicht-Muttersprachler des Deutschen. Der Text enthält nur punktuelle Fehler, denen meist auch korrekte Entsprechungen gegenüberstehen – beispielsweise das „sc" in „SCREIBEN", neben dem viele andere normgerechte Realisierungen des „sch" auftreten (z.B. „SCHREIBE", „SCHLECHT"). Darüber hinaus sind zahlreiche Eigenheiten des Deutschen korrekt umgesetzt, z.B. Dehnungsgrapheme wie in „MEHR" und „DIESE".

Beispiel für die Vortäuschung eines schlechteren muttersprachlichen Vermögens:

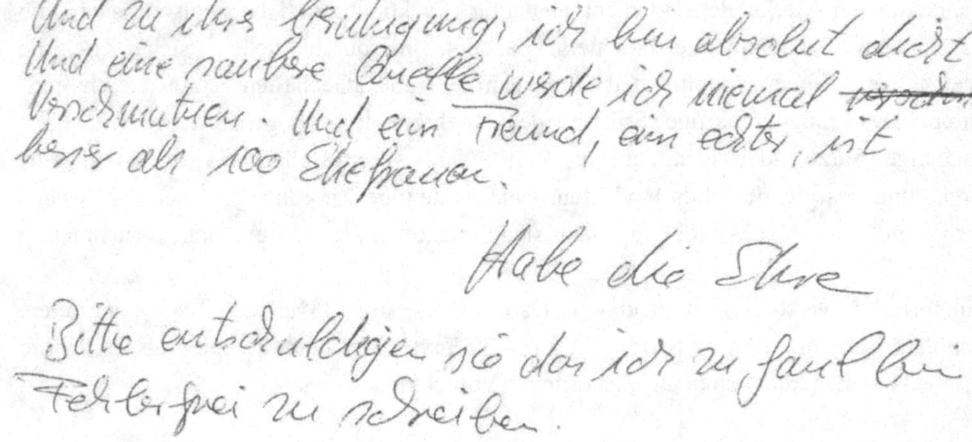

Abb. 77: Beispiel aus Text 23

In diesem Text gibt es keinerlei Hinweise auf eine Verstellung hinsichtlich der Muttersprache, es wird jedoch eine schlechtere muttersprachliche Kompetenz vorgetäuscht. Der Autor lässt Abweichungen in den Text einfließen – wie z.B. das klein geschriebene Nomen „beruhigung" – und weist im letzten Satz des Ausschnitts auch selbst darauf hin, indem er sich dafür entschuldigt, zu faul zu sein, um fehlerfrei zu schreiben.

Auch bei dieser Typisierung lässt sich für viele Texte keine eindeutige Zuordnung vornehmen. In einigen Fällen könnte es sich sogar zusätzlich auch noch um eine dissimulatorische Verstellung handeln.

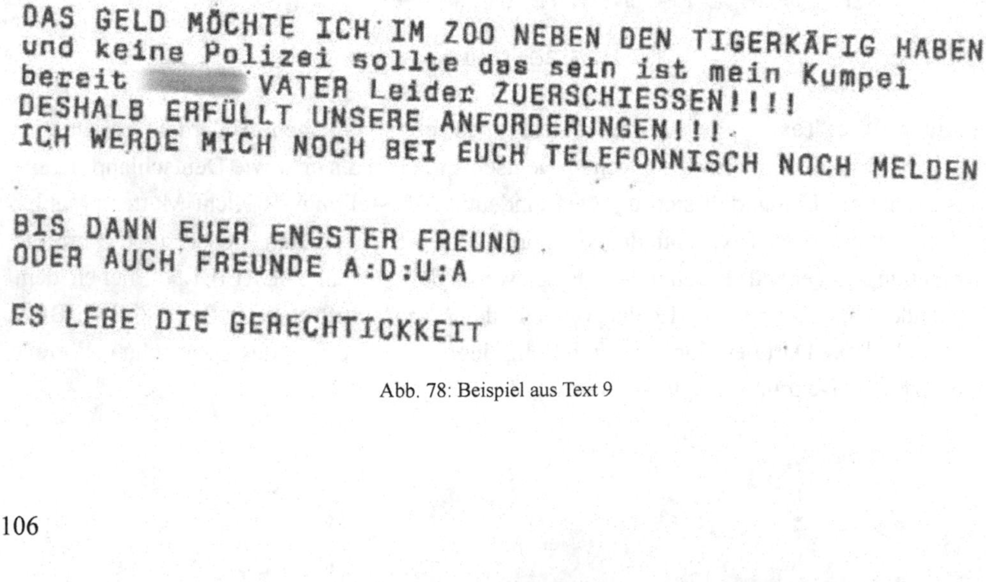

Abb. 78: Beispiel aus Text 9

Dieses Beispiel enthält Abweichungen, die sowohl als Vortäuschung nicht-muttersprachlicher Kompetenz als auch als Vortäuschung geringeren muttersprachlichen Vermögens interpretiert werden können. Hierzu gehört z.B. der orthographische Fehler „GERECHTICKKEIT" statt „Gerechtigkeit" und die Kombination aus gravierenden oberflächlichen Fehlern wie in „TELEFONNISCH" und korrekten Realisierungen komplexer Eigenheiten des Deutschen wie z.B. der Auslautverhärtung in „GELD" auf der anderen Seite. Da zum einen kein inhaltlicher Verstellungshinweis vom Autor genutzt wird, zum anderen die Abweichungen nicht eindeutig interpretiert werden können und darüber hinaus auch Verfremdungsmerkmale wie ein Wechsel zwischen Großschreibung und Groß-/Kleinschreibung eingesetzt werden, kann es sich außerdem auch um eine dissimulatorische Verstellung handeln.

Diese Typen sind mit folgenden Anteilen im Datenkorpus vertreten:
a) Nicht-Muttersprachlichkeit: 27% (19 Texte)
b) Schlechteres muttersprachliches Sprachvermögen: 3% (2 Texte)
c) Nicht-Muttersprachlichkeit oder dissimulatorisch: 30% (21 Texte)
d) Nicht-Muttersprachlichkeit oder schlechteres muttersprachliches Sprachvermögen oder dissimulatorisch: 20% (14 Texte)
e) Schlechteres muttersprachliches Sprachvermögen oder dissimulatorisch: 6% (4 Texte)

III) Deutsch als Fremdsprache, Fachsprachenverwendung, Bildungsgrad, Radikale Organisationen, Altersspezifische Sprache (Busch/Heitz)

Bei diesen Verstellungstypen handelt es sich um Untergruppen der simulatorischen Verstellung, sie alle sind im Datenkorpus der vorliegenden Arbeit wiederzufinden:
a) Deutsch als Fremdsprache: Hierbei handelt es sich um den unter II genannten Verstellungstyp „Nicht-Muttersprachlichkeit". Diese Bezeichnung wird dem Begriff „Deutsch als Fremdsprache" in der vorliegenden Arbeit vorgezogen, da „Deutsch als Fremdsprache" (z.B. Erlernen des Deutschen im schulischen Kontext in einem nicht-deutschsprachigen Land) oftmals in Abgrenzung von „Deutsch als Zweitsprache" (z.B. Erlernen des Deutschen im Alltag von Personen mit Migrationshintergrund durch das Leben und Arbeiten in einem deutschsprachigen Land) verwendet wird. Die imitierten Sprachstile bei den untersuchten Verstellungen lassen jedoch keine Unterscheidung zwischen diesen beiden Erwerbswegen zu.
b) Fachsprachenverwendung: In vier Texten des Datenkorpus (6%) wird Fachsprache verwendet, detaillierte Ergebnisse finden sich hierzu in Kapitel 6.1.4.1.

c) Bildungsgrad: Hierbei handelt es sich um den unter II genannten Verstellungstyp „Schlechteres muttersprachliches Sprachvermögen".

d) Radikale Organisationen: In zwei Texten (3%) gibt sich der Autor als Mitglied einer radikalen Organisation aus.

e) Altersspezifische Sprache: Ein Text enthält eine Verstellung als Kind, der Autor gibt vor, 12 Jahre alt zu sein. Das Fehlerprofil ähnelt jedoch sehr den Fehlerprofilen der Verstellungen als Nicht-Muttersprachler des Deutschen.

Die im Forschungsstand genannten Verstellungstypen sind demnach alle im Datenkorpus der vorliegenden Arbeit vertreten. Es gibt jedoch viele Texte, die keine eindeutige Zuordnung erlauben.

Es wird nun geprüft, ob die im Rahmen der durchgeführten Stil- und Fehleranalyse für charakteristisch befundenen Merkmale/Merkmalsausprägungen auch zur Unterscheidung verschiedener Verstellungstypen bei den inkriminierten Texten taugen.

Hierfür wird eine **Korrelationsanalyse** genutzt, die anhand des Programms SPSS[9] durchgeführt wird:

Jeder Text des Datenkorpus wird als Datensatz mit den für ihn festgestellten Ausprägungen der im Rahmen der vorliegenden Arbeit untersuchten Merkmale in SPSS eingegeben. Anschließend wird für alle Merkmale berechnet, mit welchen anderen Merkmalen sie korrelieren. Im Folgenden werden die Ergebnisse der Korrelationsanalyse dargestellt.

Für die Berechnung der Zusammenhänge zwischen den verschiedenen Merkmalen/Merkmalsausprägungen wird der Korrelationskoeffizient nach Pearson verwendet. Er nimmt je nach Stärke des Zusammenhangs Werte zwischen -1 und +1 an. Die folgende Tabelle zeigt, wie die Werte interpretiert werden können:

Betrag des Korrelationskoeffizienten	Mögliche Interpretation
0	Keine Korrelation
über 0 bis 0,2	Sehr schwache Korrelation
0,2 bis 0,4	Schwache Korrelation
0,4 bis 0,6	Mittlere Korrelation
0,6 bis 0,8	Starke Korrelation
0,8 bis unter 1	Sehr starke Korrelation
1	Perfekte Korrelation

Abb. 79: Interpretation des Korrelationskoeffizienten (*Tabelle aus:* Brosius 1998: 503)

Wenn der Korrelationskoeffizient einen positiven Wert annimmt, besteht ein Zusammenhang zwischen den zwei Merkmalen, bei dem sich die Ausprägungen beider

---

[9] SPSS ist eine Software zur statistischen Auswertung quantitativer Daten.

Merkmale in dieselbe Richtung bewegen, d.h. wenn der Wert des einen Merkmals größer wird, wird der des anderen Merkmals auch größer. Bei einem negativen Wert verlaufen die Ausprägungen der beiden Merkmale in entgegengesetzte Richtungen.[10]

Für folgende Merkmale/Merkmalsausprägungen wurde mittels SPSS eine signifikante Korrelation ermittelt, bei der außerdem der Korrelationskoeffizient einen Wert von 0,5 oder größer annimmt:

Korrelationen zwischen Merkmalen/Merkmalsausprägungen		Korr.koeff.
Schrift: Hand/Maschine	Schriftverstellung	- 0.959
Seitenzahl	Wörterzahl	+ 0.815
Seitenzahl	Fehlerzahl	+ 0.529
Wörterzahl	Fehlerzahl	+ 0.803
Register informell	Register Ebenenzahl	+ 0.860
Register neutral	Register Ebenenzahl	+ 0.717
Lexik einfach	Lexik Ebenenzahl	+ 0.757
Lexik neutral	Lexik Ebenenzahl	+ 0.590
Unterzeichner	Grußformel	+ 0.660
Verstellungshinweis	Verstellungsart	+ 0.634
Fehlerzahl	Fehlertypenzahl	+ 0.558
Fehlerquotient	Fehlertypenzahl	+ 0.635
Fehlerquotient	Sprachebenen mit Fehlern	+ 0.510
Fehlertypenzahl	Sprachebenen mit Fehlern	+ 0.817
Fehlertypenzahl	Konstanz Fehlertypen	- 0.648
Sprachebenen mit Fehlern	Konstanz Fehlermenge	- 0.510
Sprachebenen mit Fehlern	Konstanz Fehlertypenmenge	- 0.533
Sprachebenen mit Fehlern	Konstanz Fehlertypen	- 0.576
Konstanz Fehlermenge	Konstanz Fehlertypenmenge	+ 0.913
Konstanz Fehlermenge	Konstanz Fehlertypen	+ 0.745
Konstanz Fehlertypenmenge	Konstanz Fehlertypen	+ 0.756

Abb. 80: Korrelationen zwischen Merkmalen/Merkmalsausprägungen

Schrift: Hand/Maschine ↔ Schriftverstellung
Diese Korrelation lässt sich dadurch erklären, dass Schriftverstellungen nur dann beobachtet werden konnten, wenn die Texte von Hand geschrieben waren. Bei den Texten, auf die das zutrifft, wiesen fast 80% eine Schriftverstellung auf.

Seitenzahl ↔ Wörterzahl
Eine höhere Seitenzahl geht mit einer höheren Wörterzahl im Text einher (und umgekehrt). Dieser Zusammenhang scheint schlüssig, es wurden allerdings auch Beispiele vorgestellt,

---

[10] Für weitere Informationen zum Korrelationskoeffizienten nach Pearson sowie Korrleationsanalysen mit SPSS s. z.B.: Brosius 1998.

bei denen dies nicht der Fall war, z.B. wenn die Schriftverstellung u.a. darin bestand, besonders groß zu schreiben.

Seitenzahl; Wörterzahl ↔ Fehlerzahl

Steigt die Seitenzahl oder Wörterzahl, dann steigt auch die Anzahl der Fehler im Text. Texte mit einem größeren Umfang (mehr Seiten, mehr Wörter) bieten demnach mehr Raum für Abweichungen.

Register informell; Register neutral ↔ Register Ebenenzahl

Lexik einfach; Lexik neutral ↔ Lexik Ebenenzahl

Diese Korrelationen erscheinen plausibel, da mit der Nutzung einer weiteren Registerebene z.B. zwangsläufig auch die Anzahl der verwendeten Registerebenen insgesamt ansteigt.

Unterzeichner ↔ Grußformel

Wenn der Textteil 'Unterzeichner' eingesetzt wurde, dann wurde meist auch eine 'Grußformel' verwendet (und umgekehrt). Interessant ist, dass dies die einzige signifikante Korrelation der Textteile untereinander ist. Das Vorhandensein der Textteile 'Anrede' und 'Betreff' wies beispielsweise keinen Zusammenhang mit anderen Textteilen auf.

Verstellungshinweis ↔ Verstellungsart

Diese Korrelation kann dadurch erklärt werden, dass Texte mit einer simulatorischen Verstellung meist Verstellungshinweise nutzen, und umgekehrt selten mit einer hohen Wahrscheinlichkeit von einer simulatorischen Verstellung ausgegangen werden kann, wenn kein Verstellungshinweis vorliegt.

Fehlerzahl; Fehlerquotient ↔ Fehlertypenzahl

Eine höhere Fehlerzahl und ein höherer Fehlerquotient gehen mit einer höheren Anzahl unterschiedlicher Fehlertypen einher (und umgekehrt). Wenn mehr Abweichungen verwendet wurden bzw. mehr Abweichungen in Relation zur Wörterzahl, dann wurden demnach nicht nur mehr Fehler desselben Typs genutzt, sondern auch eine größere Zahl unterschiedlicher Fehlertypen.

Fehlerquotient; Fehlertypenzahl ↔ Sprachebenen mit Fehlern

Je höher der Fehlerquotienten eines Textes ist, desto mehr Sprachebenen weisen Abweichungen auf (und umgekehrt). Je mehr unterschiedliche Fehlertypen in einem Text verwendet werden, desto mehr Sprachebenen weisen Abweichungen auf (und umgekehrt). Diese Zusammenhänge schließen an die vorangegangene Korrelation an. Wenn der Fehlerquotient höher ist, werden nicht nur mehr Fehlertypen verwendet, sondern sie decken auch mehr sprachliche Ebenen ab.

Fehlertypenzahl ↔ Konstanz Fehlertypen

Je mehr Fehlertypen vertreten sind, desto inkonstanter wird ihre Verwendung im Verlauf des Textes (und umgekehrt). Die in den Texten insgesamt festgestellte inkonstante Nutzung von Fehlertypen im Verlauf der Texte ist demzufolge umso häufiger, je mehr unterschiedliche Fehlertypen im Text verwendet werden.

Konstanz Fehlermenge; Konstanz Fehlertypenmenge; Konstanz Fehlerarten ↔ Sprachebenen mit Fehlern

Je mehr Sprachebenen Abweichungen aufweisen, desto inkonstanter wird die Fehlermenge, die Fehlertypenmenge und die Verwendung der Fehlertypen im Verlauf des Textes (und umgekehrt).

Konstanz Fehlertypen; Konstanz Fehlertypenmenge ↔ Konstanz Fehlermenge

Konstanz Fehlertypen ↔ Konstanz Fehlertypenmenge

Wenn ein Text ein inkonstantes Fehlerprofil aufweist, dann bezieht sich diese Inkonstanz in der Regel nicht nur auf eines der drei Kriterien Fehlermenge, Fehlertypenmenge und Fehlerart, sondern auf mehrere.

Hinzu kommt eine Vielzahl an mittels SPSS als signifikant ermittelten Korrelationen, bei denen außerdem der Korrelationskoeffizient einen Wert von 0,5 oder größer annimmt, die sich auf Zusammenhänge beim gleichzeitigen Auftreten verschiedener Fehlertypen beziehen. Hier als Beispiel eine Auflistung der Korrelationen des Fehlertyps 1.2 mit anderen Fehlertypen:

Korrelationen FT 1.2		Korr.koeff.
FT 1.2	FT 2.8	+0.528
FT 1.2	FT 2.9	+0.556
FT 1.2	FT 3.1	+0.592
FT 1.2	FT 3.4	+0.545
FT 1.2	FT 4.1	+0.735
FT 1.2	FT 4.2	+0.648
FT 1.2	FT 4.3	+0.683
FT 1.2	FT 4.4	+0.617
FT 1.2	FT 5.1	+0.518

Abb. 81: Korrelationen Fehlertyp 1.2

Bei Fehlertyp 1.2 handelt es sich um die Dehnungs- und Verkürzungsgrapheme auf orthographischer Ebene. FT 1.2 weist mittlere bis starke Korrelationen mit Fehlertypen auf allen anderen sprachlichen Ebenen auf. Dies entspricht dem Gesamtbild, denn fast alle Fehlertypen korrelieren mittel bis stark mit vielen anderen Fehlertypen. Das stützt die bereits bei der Fehleranalyse formulierte These, dass Autoren, die Fehler als Teil ihrer

Verstellungsstrategie einsetzen, im Regelfall nicht nur vereinzelte, sondern verschiedene Fehlertypen nutzen.

Die Korrelationen zwischen den Fehlertypen sind alle positiv, das heißt es gibt keine konträr verlaufenden Häufigkeiten, bei denen steigenden Werten des einen Fehlertyps fallende Werte eines anderen Fehlertyps gegenüberstünden.

Es gibt einige wenige Fehlertypen, die wenige oder keine Korrelationen mit anderen Fehlertypen aufweisen, dies sind die folgenden:

FT mit wenigen/keinen Korrelationen	
1.1	GKS (Groß- / Kleinschreibung)
1.3	Graphemwahl
1.4	Zusammenschreibung
1.5	Sonstige orthographische Abweichungen
2.7	Satzteil / Wort zuviel
3.3	Verbkonjugation: Konjugationsform
4.3	Auslassung / Ergänzung von Graphemen
5.2	Lexeme aus anderen Sprachen

Abb. 82: Fehlertypen mit wenigen/keinen Korrelationen

Am häufigsten kommt dies bei Fehlertypen der Orthographieebene vor, alle anderen sprachlichen Ebenen sind jedoch auch mit jeweils einem Fehlertyp vertreten.

Auch die Ergebnisse zu Korrelationen der Fehlertypen stärken somit die Annahme, dass keine der sprachlichen Ebenen bei der Konstruktion von Fehlerprofilen unberücksichtigt bleibt, und damit die These, dass Verstellungsstrategien nicht nur die bewussteren, sondern auch die weniger bewussten Sprachebenen betreffen.

Der Großteil der festgestellten Korrelationen lässt sich auf der Grundlage der bisherigen Ergebnisse zu Charakteristika von sprachlichen Verstellungen intuitiv gut erklären. Darüber hinaus lässt sich sagen, dass die festgestellten Korrelationen weitere wertvolle Informationen dazu liefern, wie sprachliche Verstellungen funktionieren. Sie ergeben jedoch keine Grundlage, auf der verschiedene Verstellungstypen durch das gemeinsame Auftreten bestimmter sprachlicher Merkmale/Merkmalsausprägungen definiert werden können.

7. Zusammenfassung und Diskussion der Ergebnisse

Die vorliegende Arbeit beschäftigte sich mit sprachlichen Verstellungen in inkriminierten Texten – ein in der forensisch-linguistischen Forschungsliteratur häufig genanntes, bisher jedoch weitgehend unerforschtes Phänomen. Ziel der Arbeit war, anhand eines Datenkorpus des Bundeskriminalamtes Merkmale von sprachlichen Verstellungen in inkriminierten Texten herauszuarbeiten. Da im Bereich der Autorenerkennung bislang keine standardisierte Methode existiert, wurden in einem ersten Schritt die Methoden und Merkmale festgelegt, mittels derer die Texte anschließend analysiert wurden.

Es wurden eine speziell auf die Anforderungen des Untersuchungsgegenstandes angepasste Stil- und Fehleranalyse erarbeitet und folgende Merkmale hinsichtlich ihrer Ausprägungen und Signifikanz bei Verstellungen des Sprachgebrauchs untersucht. Die Analyse erfolgte sowohl qualitativ als auch quantitativ:

- Inhaltliche Verstellungshinweise
- Schriftbild
- Textmenge
- Textaufbau
- Groß-/Kleinschreibung
- Interpunktion
- Fachvokabular
- Register
- Lexikalische Komplexität
- Fehlermenge
- Fehlertypen
- Konstanz der Fehlerhaftigkeit

Alle untersuchten Merkmale haben sich als potentiell signifikant für sprachliche Verstellungen erwiesen. Die Analyseergebnisse zu den einzelnen Merkmalen wurden im Anschluss an die Stil- und an die Fehleranalyse jeweils präsentiert und interpretiert. Es zeigte sich, dass sprachliche Verstellungen aufgrund vielfältiger Merkmals- und Ausprägungskombinationen sehr unterschiedlich aussehen. Dennoch haben sie ein Charakteristikum gemein: Sie sind durch Inkonsistenz gekennzeichnet.
Diese Inkonsistenz besteht in zweierlei Hinsicht:
   (a) Die Inkonstanz der Ausprägung bzw. Ausprägungen eines einzelnen Merkmals innerhalb eines Textes (z.B. das Abnehmen der Fehlerhaftigkeit innerhalb eines Textes).

© Springer Fachmedien Wiesbaden GmbH, ein Teil von Springer Nature 2013
S. Bredthauer, *Verstellungen in inkriminierten Schreiben*,
Edition KWV, https://doi.org/10.1007/978-3-658-24324-1_7

(b) Die inkonsistente Kombination bestimmter Ausprägungen verschiedener Merkmale (z.B. ein inhaltlicher Hinweis auf eine Verstellung als Kind in Kombination mit einem Fehlerprofil, das dem eines Nicht-Muttersprachlers und nicht dem eines Kindes ähnelt).

Diese Inkonsistenz macht die Sprachprofile in den Texten unplausibel. Denn die Wahl der Merkmale (ob unbewusst oder bewusst durch den Autor), die zur Verstellung genutzt werden, sowie welche Ausprägungen der einzelnen Merkmale gewählt werden (auch dies wieder unbewusst oder bewusst), ist so vielfältig, dass keine einzelnen Merkmale bzw. Ausprägungen benannt werden können, die das Vorliegen einer sprachlichen Verstellung nahelegen. Es scheint jedoch so gut wie unmöglich zu sein, eine konsistente sprachliche Verstellung zu bewerkstelligen, so dass die Inkonsistenz des Sprachgebrauchs in einem inkriminiertem Text als guter Indikator für das Vorliegen einer Verstellung angesehen werden kann.

Dass eine konsistente Verstellung des Sprachgebrauchs ausgesprochen schwierig ist, kann dadurch erklärt werden, dass es sich beim Sprechen/Schreiben um eine routinierte Tätigkeit handelt, die deshalb stark automatisiert ist. Das heißt, dass der Prozess der Sprachproduktion bzw. Teilprozesse unbewusst ablaufen. Dies führt dazu, dass nicht alle Teilprozesse der Verstellung zugänglich und die Veränderungen des Sprachgebrauchs teilweise nur vordergründig sind. Die starke Automatisiertheit bringt weiterhin mit sich, dass eine Verstellung viel Mühe und Zeit erfordert. Dies zeigt sich beispielsweise darin, dass verstellte inkriminierte Texte im Durchschnitt kürzer sind als der Durchschnitt aller inkriminierter Texte. Da die Konzentration während des Schreibprozesses nicht mit gleichbleibender Intensität aufrecht erhalten werden kann, fallen die Autoren immer wieder in ihre jeweiligen Gewohnheiten des Sprachgebrauchs zurück.

Die im Rahmen der Stil- und Fehleranalyse untersuchten Merkmale decken die sprachlichen Ebenen Orthographie, Morphologie, Syntax, Lexik und Pragmatik ab. Alle Merkmale wurden in den Texten des Datenkorpus zur Verstellung genutzt – manche in einem Großteil der Texte, manche nur in wenigen Texten. Das zeigt, dass alle sprachlichen Ebenen Teil der Verstellungsstrategien sein können, jedoch unterschiedlich oft genutzt werden. Es wurden beispielsweise in 81% der Texte Fehler im morphologischen Bereich identifiziert, im lexikalischen Bereich nur in 50% der Texte. Möglicherweise kann die Anzahl der Texte, in der die verschiedenen Merkmale zur Verstellung genutzt wurden, als Indikator dafür dienen, in welchem Maße die unterschiedlichen Merkmale den Autoren der Texte bewusst sind.

Die Groß-/Kleinschreibung wurde beispielsweise in mindestens 76% der Texte zur Verstellung genutzt, Fachvokabular enthielten hingegen nur 6% der Texte. Dies hat seinen Grund jedoch auch darin, dass die Wahl der Merkmale, die zur Verstellung genutzt werden, teilweise stark an die Form der angestrebten Verstellung gebunden ist. Merkmale wie

Fachvokabular oder inhaltliche Verstellungshinweise werden nur in Texten verwendet, in denen eine simulatorische Verstellung – die Nachahmung des Stils einer bestimmten Person oder Personengruppe – versucht wird. Merkmale wie die Groß-/Kleinschreibung oder die Interpunktion sind hingegen sowohl für den Versuch einer simulatorischen als auch einer dissimulatorischen Verstellung – der Entstellung des eigenen Stils – nutzbar.

Insgesamt ist bisher sehr wenig bekannt zur 'metalinguistic awareness' von Autoren. Die Ergebnisse der vorliegenden Arbeit können einige Anhaltspunkte liefern, da die Konstanz, mit der einzelne Merkmale innerhalb der Texte verwendet werden, ein Indikator dafür sein könnte, in welchem Maße diese Merkmale den Autoren bewusst sind. Die Wahl des Registers scheint beispielsweise ein eher unbewusstes Merkmal zu sein, da in 66% der Texte die gesamte Registerspanne von informell über neutral bis hin zu formell abgedeckt wird. (Auch wenn natürlich die Möglichkeit in Betracht gezogen werden muss, dass einige Autoren dies mit Absicht taten.) Die Ausprägung dieses Merkmals ist demnach innerhalb der einzelnen Texte sehr inkonstant. Die Verwendung der Anredeformen (Du, Ihr, Sie, keine Anredeform) hingegen weist innerhalb der einzelnen Texte deutlich weniger Varianz auf, was die Hypothese nahelegt, dass sie auch deutlich bewusster gesteuert wird. Dies zeigt auch, dass der Grad des sprachlichen Bewusstseins nicht nur zwischen den verschiedenen sprachlichen Ebenen variiert, sondern auch innerhalb einer Ebene. Denn sowohl die Wahl von Register als auch von Anredeform können der Pragmatik zugeordnet werden und variieren den Ergebnissen der vorliegenden Arbeit zufolge dennoch im Grad des Bewusstseins bei den Autoren der Texte.

Bei wenigen Merkmalen und Ausprägungen lässt sich mit großer Sicherheit eine Aussage darüber treffen, wieso dieses Merkmal bzw. diese Merkmalsausprägung vom Autor genutzt wurde. Beispielsweise soll die Verwendung von Fachvokabular bei einer Verstellung als Arzt sehr wahrscheinlich dazu dienen, die Glaubwürdigkeit des Autors zu erhöhen. Bei den meisten Merkmalen und Ausprägungen lassen sich jedoch mehrere Hypothesen formulieren. In einem Viertel der untersuchten Texte werden beispielsweise keinerlei Kommata verwendet, dies lässt sich durch wenigstens drei mögliche Ziele erklären: 1) die Vermeidung von Fehlern durch Unsicherheiten in der Kommatasetzung, 2) die Vortäuschung von Inkompetenz in diesem Bereich oder 3) die Unkenntlichmachung des eigenen Stils.

Neben der Inkonstanz der Ausprägung bzw. Ausprägungen eines einzelnen Merkmals innerhalb eines Textes liefern die Missverhältnisse zwischen der Nutzung bzw. Nicht-Nutzung der verschiedenen Merkmale innerhalb der einzelnen Texte wertvolle Anhaltspunkte in der Frage, ob eine Verstellung vorliegt. Denn auch durch die Kombination bestimmter Merkmale bzw. Merkmalsausprägungen entstehen unauthentische Sprachprofile. Ein Forschungsdesiderat stellen allerdings Untersuchungen dar, die unverstellte Sprachprofile von Muttersprachlern und Nicht-Muttersprachlern des Deutschen hinsichtlich solcher Merkmal-/Ausprägungskombinationen analysieren. Diese könnten bei der Bewertung der Plausibilität von Merkmalskombinationen beispielsweise im Rahmen von Gutachten für Gerichte als Vergleichsgrundlage herangezogen werden, um nicht nur auf linguistische Erfahrungswerte der Gutachter zurückgreifen, sondern auch empirisch fundierte Aussagen treffen zu können.

Ebenso liegen bisher noch keine Vergleichsdaten zu den verschiedenen untersuchten Merkmalen vor, die Anhaltspunkte liefern, welche Ausprägungen und Ausprägungsmuster bei den einzelnen Merkmalen unverstellten Sprachgebrauch kennzeichnen. Nur durch die Analyse von Referenzkorpora können Aussagen darüber getroffen werden, ob bestimmte Merkmalsausprägungen charakteristisch für Verstellungen sind oder ob es sich um Charakteristika inkriminierter Texte allgemein handelt. In der vorliegenden Arbeit wurde beispielsweise ein Abgleich der Untersuchungsergebnisse mit den Analyseergebnissen eines Referenzkorpus beim Merkmal Textlänge vorgenommen, der signifikante Unterschiede zwischen den beiden Korpora ergab.

Zur Frage der Typisierung von Verstellungsstrategien lässt sich folgendes Ergebnis feststellen: Die vorliegende Arbeit kann das erforderliche „Werkzeug" dafür bereitstellen, Verstellungen identifizieren und auch unterschiedlichste Verstellungen adäquat beschreiben zu können. Es wurden darüber hinaus verschiedene Klassifizierungsmöglichkeiten von sprachlichen Verstellungen aus der Forschungsliteratur am Datenkorpus überprüft und nachgewiesen, von denen alle jedoch nur auf einen Teil der Verstellungen anwendbar sind. Dies zeigt, wie groß die Bandbreite der unterschiedlichen Verstellungsstrategien ist. Bestätigt wurde dieser Befund durch das Ergebnis der durchgeführten Korrelationsanalyse. Es zeigte, dass sich eine Typisierung aufgrund von Merkmalszusammenhängen, die allen unterschiedlichen Verstellungen gerecht wird, nicht finden ließ.
Dies legt die Hypothese nahe, dass die meisten Verstellungen eher intuitiv und nicht als Ergebnis einer sorgfältig geplanten Verstellungsstrategie entstehen, so dass die Wahl der Merkmale/Ausprägungen zu einem großen Teil sehr willkürlich erfolgt.

Da sich alle in der vorliegenden Arbeit untersuchten Merkmale als potentiell signifikant für sprachliche Verstellungen erwiesen haben, sollten sie detaillierteren Folgeanalysen unterzogen werden.
Des Weiteren wurde in dieser Arbeit gezeigt, dass die bisherigen Erkenntnisse und Theorien zu linguistischen Verstellungen und die Analyseresultate der vorliegenden Arbeit große Parallelen zu den Erkenntnissen und Theorien bezüglich Verstellungen von Schrift aufweisen. Ein intensiver Austausch dieser beiden Forschungszweige könnte deshalb sehr förderlich bei der weiteren Erforschung der Charakteristika von Verstellungen sein.

Zu guter Letzt soll darauf eingegangen werden, welcher Nutzen aus den Ergebnissen der vorliegenden Arbeit für die forensische Linguistik gezogen werden kann:

1) Die im Rahmen dieser Untersuchung analysierten Merkmale haben sich als potentiell signifikante Merkmale von sprachlichen Verstellungen in inkriminierten Texten erwiesen. Sie sollten deshalb bei forensisch-linguistischen Analysen z.B. zum Zweck der Gutachtenerstellung im Bereich der Autorenerkennung berücksichtigt werden, um Verstellungen identifizieren zu können.

2) Aus dem Charakteristikum der Inkonsistenz innerhalb der Verstellungsstrategien ergibt sich für die Methodik bei Autorschaftsanalysen, dass
(a) bei Fehleranalysen auch korrekte Vorkommen erfasst werden sollten,
(b) Texte in mehrere Teile separiert werden sollten, um das Fehlervorkommen hinsichtlich Fehlermenge, Fehlertypen und Fehlertypenmenge in den verschiedenen Textteilen miteinander abzugleichen, sowie
(c) alle untersuchten Stilmerkmale auf Varianzen hinsichtlich ihrer Ausprägungen im Verlauf der Texte untersucht werden sollten.

3) Es ist sinnvoll, Untersuchungen der in dieser Arbeit analysierten Merkmale an Korpora mit unverstellten inkriminierten Texten und mit nicht inkriminierten Texten sowohl deutscher Muttersprachler als auch Nicht-Muttersprachler des Deutschen durchzuführen. Durch einen Abgleich der Ergebnisse zu den verschiedenen Korpora können Merkmalkonstellationen herausgearbeitet werden, die für die verschiedenen Korpora signifikant sind und das Erkennen von sprachlichen Verstellungen weiter vereinfachen und verbessern.

8. Literaturverzeichnis

Apeltauer, Ernst (1987): *Gesteuerter Zweitspracherwerb: Voraussetzungen und Konsequenzen für den Unterricht.* München: Max Hueber Verlag.

Argamon, Shlomo/Levitan, Shlomo (2005): *Measuring the Usefulness of Function Words for Authorship Attribution.* In: Proceedings of ACH/ALLC 2005, Association for Computing and the Humanities, Victoria, BC, S.1-3.

Argamon, Shlomo/Levitan, Shlomo (2006): *Fixing the Federalist: Correcting Results and Evaluating Editions for Automated Attribution.* In: Digital Humanities. Paris, S.323-328.

Artmann, Peter (1996): *Tätertexte - eine linguistische Analyse der Textsorten Erpresserbrief und Drohbrief.* Phil. Dissertation: Universität München.

Baldauf, Christa (1999): *Zur Signifikanz sprachlicher Merkmale im Rahmen des Autorschaftsnachweises: Ansätze und Desiderate der forensischen Linguistik.* In: Archiv für Kriminologie, 204, S.93-103.

Baldauf, Christa (Hg.) (2000): *2. Symposion Autorenerkennung des Bundeskriminalamtes.* Wiesbaden: Tagungsband BKA.

Baldauf, Christa (2002): *Autorenerkennung im BKA - Linguistik unter Zugzwang?* In: Haß-Zumkehr, Ulrike (Hg.) (2002): Sprache und Recht. Berlin: Walter de Gruyter, S.321-329.

Baurmann, Jürgen (1989): *Forensische Textanalyse: prozeßorientiert und interdisziplinär.* In: Bundeskriminalamt (Hg.) (1989): Symposium: Forensischer linguistischer Textvergleich. Referate und Zusammenfassungen der Diskussionsbeiträge am 08. und 09. Dezember 1988 im Bundeskriminalamt. Wiesbaden: BKA (Technische Forschung/BKA; 2), S.169-181.

Baurmann, Jürgen (2000): *Autorenerkennung, Schreibprozess und sprachliches Lernen.* In: Baldauf, Christa (Hg.) (2000): 2.Symposion Autorenerkennung des Bundeskriminalamtes. Wiesbaden: Tagungsband BKA, S.97-109.

Bickes, Hans/Kresic, Marijana (2000): *Fehler, Text und Autor. Zur Identifizierung von Merkmalen der Ausgangssprache bei nicht-muttersprachlichen Schreibern.* In: Baldauf, Christa (Hg.) (2000): 2. Symposion Autorenerkennung. Tagungsband des Bundeskriminalamts. Wiesbaden: Tagungsband BKA, S.110-132.

© Springer Fachmedien Wiesbaden GmbH, ein Teil von Springer Nature 2013
S. Bredthauer, *Verstellungen in inkriminierten Schreiben,*
Edition KWV, https://doi.org/10.1007/978-3-658-24324-1

Billner, Fritz (1989): *Probleme der Täteridentifizierung anhand linguistischer Textvergleiche in der Hauptverhandlung.* In: Bundeskriminalamt (Hg.) (1989): Symposium: Forenischer linguistischer Textvergleich. Referate und Zusammenfassungen der Diskussionsbeiträge am 08. und 09. Dezember 1988 im Bundeskriminalamt, Wiesbaden: BKA (Technische Forschung/BKA; 2), S.105-118.

Blum, Anita (1990): *Anregungen zu mehr Interdisziplinarität bei forensischen linguistischen Untersuchungen.* In: Kniffka, Hannes (Hg.) (1990): Texte zu Theorie und Praxis forensischer Linguistik. Tübingen: Niemeyer, S.289-320.

Brandt, Wolfgang (1989): *Grenzen und Möglichkeiten forensischer Linguistik. Ergebnisse und Folgerungen aus empirischen Reihenuntersuchungen.* In: Bundeskriminalamt (Hg.) (1989): Symposium: Forenischer linguistischer Textvergleich. Referate und Zusammenfassungen der Diskussionsbeiträge am 08. und 09. Dezember 1988 im Bundeskriminalamt, Wiesbaden: BKA (Technische Forschung/BKA; 2), S.31-48.

Braun, Angelika (1989): *Linguistische Analysen im forensischen Bereich – zu den Möglichkeiten einer Texturheberschaftsuntersuchung.* In: Bundeskriminalamt (Hg.) (1989): Symposium: Forenischer linguistischer Textvergleich. Referate und Zusammenfassungen der Diskussionsbeiträge am 08. und 09. Dezember 1988 im Bundeskriminalamt, Wiesbaden: BKA (Technische Forschung/BKA; 2), S.143-166.

Braun, Friederike (1988): *Terms of Address: Problems of Patterns and Usage in Various Languages and Cultures.* Berlin: Mouton de Gruyter.

Brinker, Klaus (1989): *Linguistische Textanalyse und forensischer Textvergleich.* In: Bundeskriminalamt (Hg.) (1989): Symposium: Forenischer linguistischer Textvergleich. Referate und Zusammenfassungen der Diskussionsbeiträge am 08. und 09. Dezember 1988 im Bundeskriminalamt, Wiesbaden: BKA (Technische Forschung/BKA; 2), S.9-17.

Brinker, Klaus (1990): *Textanalytische Voraussetzungen forensisch-linguistischer Gutachten.* In: Kniffka, Hannes (Hg.) (1990): Texte zu Theorie und Praxis forensischer Linguistik. Tübingen: Niemeyer, S.115-123.

Brinker, Klaus (1997): *Linguistische Textanalyse. Eine Einführung in die Grundbegriffe und Methoden.* Berlin: Schmidt.

Brinker, Klaus (2000): *Zum Problem der Autorenerkennung aus textlinguistischer Sicht.* In: Baldauf, Christa (Hg.) (2000): 2. Symposion Autorenerkennung des Bundeskriminalamtes. Wiesbaden: Tagungsband BKA, S.34-53.

Broeders, Ton (2006): *Speaker Identification in the Forensic Arena.* Vortrag bei: Language and Law Conference, Düsseldorf, 2006.

Brosius, Felix (1998): *SPSS 8 - Professionelle Statistik unter Windows.* Bonn: MITP.

Brückner, Tobias (1989): *Gibt es einen „sprachlichen Fingerabdruck"?* In: Institut für deutsche Sprache: Sprachreport, 4/89, S.14-15.

Brückner, Tobias (1992): *Der Linguist als Fahnder – ratlos aber rege. Zur Kritik des forensischen Textvergleiches.* In: Grewendorf, Günther (Hg.) (1992): Rechtskultur als Sprachkultur. Zur forensischen Funktion der Sprachanalyse. Frankfurt am Main: Suhrkamp, S.230-271.

Bundeskriminalamt (Hg.) (1989): *Symposium: Forenischer linguistischer Textvergleich.* Referate und Zusammenfassungen der Diskussionsbeiträge am 08. und 09. Dezember 1988 im Bundeskriminalamt, Wiesbaden: BKA (Technische Forschung/BKA; 2).

Busch, Albert (2006): *Textsorte Erpresserschreiben.* In: Wichter, Sigurd/Busch, Albert (Hgg.) (2006): Wissenstransfer – Erfolgskontrolle und Rückmeldungen aus der Praxis. Frankfurt a.M.: Peter Lang, S.51-65.

Busch, Albert/Heitz, Susanne Catharina (2006): *Wissenstransfer und Verstellung in Erpresserschreiben: Zur Analyse von Verstellungsstrategien auf korpuslinguistischer Basis.* In: Wichter, Sigurd/Busch, Albert (Hgg.) (2006): Wissenstransfer – Erfolgskontrolle und Rückmeldungen aus der Praxis. Frankfurt a.M.: Peter Lang, S.83-100.

Chaski, Carole E. (1997): *Steps Toward a Science of Authorship Identification.* In: National Institute of Justice Journal, 9/1997, S.15-22.

Chaski, Carole E. (2001): *Empirical Evaluations of Language-Based Author Identification Techniques.* In: Forensic Linguistics, 8/1, S.1-65.

Chaski, Carole E./Snider, Mary (2006): *Authorship Attribution in Multinational Corporations.* Vortrag bei: Language and Law Conference, Düsseldorf, Germany, 2006.

Chaski, Carole E. (2006): *The Computational-Linguistic Approach to Forensic Authorship Attribution.* Vortrag bei: Language and Law Conference, Düsseldorf, Germany, 2006.

Cherubim, Dieter (1990): *Der Fall S. – Linguistische Gutachten in einem Mordprozeß.* In: Kniffka, Hannes (Hg.) (1990): Texte zu Theorie und Praxis forensischer Linguistik. Tübingen: Niemeyer, S.339-376.

Corder, Stephen Pit (1967). *The Significance of Learners' Errors.* In: International Review of Applied Linguistics in Language Teaching (IRAL), 5, S.161-170.

Coulthard, Malcolm (1994): *On the Use of Corpora in the Analysis of Forensic Texts.* In: Forensic Linguistics, 1/1, S.27-43.

Crystal, David (1997): *The Cambridge Encyclopedia of Language.* Cambridge: Cambridge University Press.

Dern, Christa (2003). *Sprachwissenschaft und Kriminalistik: Zur Praxis der Autorenerkennung.* In: Zeitschrift für Germanistische Linguistik, 31, S.44-77.

Dern, Christa (2006): *Bewertung inkriminierter Schreiben: Zum Problem der Verwischung von Spuren durch Verstellung.* In: Kriminalistik, 5, S.323-327.

Dern, Christa (2008): *„Wenn zahle nix dann geht dir schlecht.": ein Experiment zu sprachlichen Verstellungsstrategien in Erpresserbriefen.* In: Zeitschrift für germanistische Linguistik, 36/2, S.240-265.

Dern, Christa (2009): *Autorenerkennung. Theorie und Praxis der linguistischen Tatschreibenanalyse.* Stuttgart: Richard Boorberg Verlag.

Dürscheid, Christa (2006): *Einführung in die Schriftlinguistik.* Göttingen: Vandenhoeck & Ruprecht.

Eagleson, Robert (1994): *Forensic Analysis of Personal Written Texts: A Case Study.* In: Gibbons, John (1994): Language and the Law. London/New York: Longman, S.362-373.

Ehrhardt, Sabine (2007a): *Disguise in Incriminating Texts: Theoretical Possibilities and Authentic Cases.* Vortrag bei: 8th Biennial Conference of the International Association of Forensic Linguistics, Seattle, 2007.

Ehrhardt, Sabine (2007b): *Forensic Linguistics/Authorship Identification.* In: Paper "Review on Forensic Audio and Visual Evidence 2004-2007". 15th INTERPOL Forensic Science Symposium, Lyon, France, October 2007.

Engel, Ulrich (1989): *Möglichkeiten und Grenzen der forenischen Linguistik.* In: Bundeskriminalamt (Hg.) (1989): Symposium: Forenischer linguistischer Textvergleich. Referate und Zusammenfassungen der Diskussionsbeiträge am 08. und 09. Dezember 1988 im Bundeskriminalamt, Wiesbaden: BKA (Technische Forschung/BKA; 2), S.91-103.

Europarat. Rat für kulturelle Zusammenarbeit (2001): *Gemeinsamer europäischer Referenzrahmen für Sprachen: Lernen, lehren, beurteilen.* http://www.goethe.de/z/50/commeuro, Stand: 04.07.2011

Ferguson, Charles A. (1977): *Simplified Registers, Broken Language and Gastarbeiterdeutsch.* In: Molony, Carol/Zobl, Helmut/Stölting, Wilfried (Hgg.) (1977): Deutsch im Kontakt mit anderen Sprachen. German in Contact with Other Languages, Kronberg Ts.: Scriptor (Monographien Linguistik und Kommunikationswissenschaft; 26), S.25-39.

Fleischer, Wolfgang/Michel, Georg/Starke, Günter (1993): *Stilistik der deutschen Gegenwartssprache.* Frankfurt a.M.: Peter Lang.

Fobbe, Eilika (2006): *Foreigner talk als Strategie. Überlegungen zu Fehlergenese in Erpresserschreiben.* In: Wichter, Sigurd/Busch, Albert (Hgg.) (2006): Wissenstransfer – Erfolgskontrolle und Rückmeldungen aus der Praxis. Frankfurt a.M.: Peter Lang, S.149-165.

Förster, Uwe (1989): *Verräterische Sprachspuren in anonymen Texten. Demonstriert an Erpresserbriefen im Entführungsfall Schleyer.* In: Bundeskriminalamt (Hg.) (1989): Symposium: Forenischer linguistischer Textvergleich. Referate und Zusammenfassungen der Diskussionsbeiträge am 08. und 09. Dezember 1988 im Bundeskriminalamt, Wiesbaden: BKA (Technische Forschung/BKA; 2), S.239-265.

Gibbons, John (1994a): *Language and the Law.* London/New York: Longman.

Gibbons, John (1994b): *Forensic Linguistics.* In: Ders. (1994): Language and the Law, S.319-325.

Gibbons, John (2005): *Forensic Linguistics: An Introduction to Language in the Justice System*. Oxford: Blackwell.

Grant, Tim/Baker, Kevin (2001): *Identifying Reliable, Valid Markers of Authorship: A Response to Chaski*. In: Forensic Linguistics, 8/1, S.66-79.

Grewendorf, Günther (1990): *XY...ungelöst. Zu Theorie und Praxis forensischer Linguistik*. In: Kniffka, Hannes (Hg.) (1990): Texte zu Theorie und Praxis forensischer Linguistik. Tübingen: Niemeyer, S.247-288.

Grewendorf, Günther (Hg.) (1992a): *Rechtskultur als Sprachkultur. Zur forensischen Funktion der Sprachanalyse*. Frankfurt a.M.: Suhrkamp.

Grewendorf, Günther (1992b): *Rechtskultur als Sprachkultur. Der sprachanalytische Sachverstand im Recht*. In: Ders. (Hg.) (1992): Rechtskultur als Sprachkultur. Zur forensischen Funktion der Sprachanalyse. Frankfurt a.M.: Suhrkamp, S.11-41.

Grewendorf, Günther (2000): *Gibt es syntaktische Spuren?* In: Baldauf, Christa (Hg.) (2000): 2. Symposion Autorenerkennung des Bundeskriminalamtes. Wiesbaden: Tagungsband BKA, S.83-96.

Halliday, Michael A.K. (1978): *Language as Social Semiotic*. London: Edward Arnold.

Hehn, Wolfgang (1992): *Sprache und Erpressung*. In: Grewendorf, Günther (Hg.) (1992): Rechtskultur als Sprachkultur. Zur forensischen Funktion der Sprachanalyse. Frankfurt a.M.: Suhrkamp, S.194-206.

Heidelberger Forschungsprojekt „Pidgin Deutsch" (1977): *Aspekte der ungesteuerten Erlernung des Deutschen durch ausländische Arbeiter*. In: Molony, Carol/Zobl, Helmut/Stölting, Wilfried (Hgg.) (1977): Deutsch im Kontakt mit anderen Sprachen. German in Contact with Other Languages, Kronberg Ts.: Scriptor (Monographien Linguistik und Kommunikationswissenschaft; 26), S.25-39.

Heitz, Susanne Catharina (2002): *Methoden der Verstellung bei der Produktion von Erpressungsschreiben*. Magisterarbeit: Universität Mainz.

Hoffmann, Lothar (1976): *Kommunikationsmittel Fachsprache. Eine Einführung*. Berlin: Akademie-Verlag.

Huber, Wolfgang (1989): *Der Umgang mit der Schreibmaschine als Merkmal der Persönlichkeit.* In: Bundeskriminalamt (Hg.) (1989): Symposium: Forenischer linguistischer Textvergleich. Referate und Zusammenfassungen der Diskussionsbeiträge am 08. und 09. Dezember 1988 im Bundeskriminalamt, Wiesbaden: BKA (Technische Forschung/BKA; 2), S.185-203.

Hufeisen, Britta (1991): *Englisch als erste und Deutsch als zweite Fremdsprache.* Frankfurt am Main: Verlag Peter Lang (Europäische Hochschulschriften: Reihe 21, Linguistik; Bd.95).

Jakovidou, Athanasia (1993): *Funktion und Variation im „Foreigner Talk".* Tübingen: Narr (Ergebnisse und Methoden moderner Sprachwissenschaft; 25).

James, Carl (1998): *Errors in Language Learning and Use. Exploring Error Analysis.* London/New York: Longman.

Jöns, Dietrich (1982): *Der philologische Steckbrief. Über den Einsatz der Philologie bei der Täterermittlung.* In: Gesellschaft und Universität. Probleme und Perspektiven. Festschrift zur 75-Jahr-Feier der Universität Mannheim. Mannheim, S.237-287.

Jöns, Dietrich (1989): *Der philologische Textvergleich als Instrument der Täterermittlung.* In: Bundeskriminalamt (Hg.) (1989): Symposium: Forenischer linguistischer Textvergleich. Referate und Zusammenfassungen der Diskussionsbeiträge am 08. und 09. Dezember 1988 im Bundeskriminalamt, Wiesbaden: BKA (Technische Forschung/BKA; 2). S.267-279.

Kämper, Heidrun (1996): *Nachweis der Autorenschaft. Methodische Überlegungen zur Linguistischen Textidentifizierung und Täterermittlung.* In: Kriminalistik, 8-9, S.561-566.

Kessel, Katja/Reimann, Sandra (2008): Basiswissen Deutsche Gegenwartssprache. Tübingen/Basel: Francke Verlag.

Kniffka, Hannes (1981): *Der Linguist als Gutachter bei Gericht. Überlegungen und Materialien zu einer 'Angewandten Soziolinguistik'.* In: Peuser, Günter/Winter, Stefan (Hgg.) (1981): Angewandte Sprachwissenschaft. Grundfragen – Bereiche – Methoden. Bonn: Bouvier, S.584-634.

Kniffka, Hannes (1989): *Thesen zu Stand und Aufgaben „forensischer" Linguistik.* In: Bundeskriminalamt (Hg.) (1989): Symposium: Forenischer linguistischer Textvergleich.

Referate und Zusammenfassungen der Diskussionsbeiträge am 08. und 09. Dezember 1988 im Bundeskriminalamt, Wiesbaden: BKA (Technische Forschung/BKA; 2), S.205-236.

Kniffka, Hannes (Hg.) (1990a): *Texte zu Theorie und Praxis forensischer Linguistik.* Tübingen: Niemeyer.

Kniffka, Hannes (1990b): *Einführung: Forensische Linguistik.* In: Ders. (Hg.) (1990): Texte zu Theorie und Praxis forensischer Linguistik. Tübingen: Niemeyer, S.1-56.

Kniffka, Hannes (1992): *Sprachwissenschaftliche Hilfe bei der Täterermittlung.* In: Grewendorf, Günther (Hg.) (1992): Rechtskultur als Sprachkultur. Zur forensischen Funktion der Sprachanalyse. Frankfurt a.M.: Suhrkamp, S.157-193.

Kniffka, Hannes (Hg.) (1996): *Recent Developments in Forensic Linguistics.* Frankfurt am Main: Peter Lang.

Kniffka, Hannes (1998): *Forensische Phonetik und forensische Linguistik.* In: Kröger, Bernd u.a. (Hg.) (1998), Festschrift Georg Heike (Forum Phoneticum 66). Frankfurt a.M., S.279-291.

Kniffka, Hannes (2000a): *Stand und Aufgaben der „forensischen Linguistik".* In: Veronesi, Daniela (Hg.) (2000), Linguistica giuridica italiana e tedesca/Rechtslinguistik des Deutschen und Italienischen. Padova: Unipress, S.29-46.

Kniffka, Hannes (2000b): *Forensisch-linguistische Autorschaftsanalyse: Eine Zwischenbilanz.* In: Baldauf, Christa (Hg.) (2000), Symposium Autorenerkennung. Bundeskriminalamt. April 2000. Wiesbaden: Tagungsband BKA, S.54-82.

Kniffka, Hannes (2000c): *Anonymous Authorship Analysis without Comparison Data? A Case Study with Methodological Implications.* In: Linguistische Berichte, 182, S.179-198.

Kniffka, Hannes (2001): *Eine Zwischenbilanz aus der Werkstatt eines „forensischen" Linguisten: Zur Analyse anonymer Autorschaft.* In: Linguistische Berichte, 185, S.75-104.

Koch, Peter/Oesterreicher, Wulf (1985): *Sprache der Nähe – Sprache der Distanz. Mündlichkeit und Schriftlichkeit im Spannungsfeld von Sprachtheorie und Sprachgeschichte.* In: Romanistisches Jahrbuch, 36, S.15-43.

Koch, Peter/Oesterreicher, Wulf (1994): *Schriftlichkeit und Sprache*. In: Günther, Hartmut/Ludwig, Otto (Hgg.) (1994): Schrift und Schriftlichkeit. Ein internationales Handbuch. Berlin/New York: Walter de Gruyter, S.587-604.

Köster, Jens-Peter (1989): *Elemente eines Verfahrens zur Identifikation von Autoren an Hand längerer Texte*. In: Bundeskriminalamt (Hg.) (1989): Symposium: Forenischer linguistischer Textvergleich. Referate und Zusammenfassungen der Diskussionsbeiträge am 08. und 09. Dezember 1988 im Bundeskriminalamt, Wiesbaden: BKA (Technische Forschung/BKA; 2).

Koppel, Mashe/Schler, Jonathan (2003): *Exploiting Stylistic Idiosyncrasies for Authorship Attribution*. In: Proceedings of IJCAI'03 Workshop on Computational Approaches to Style Analysis and Synthesis. Mexico, S.69-72.

Künzel, Hermann J. (1987): *Sprechererkennung: Grundzüge forensischer Sprachverarbeitung*. Heidelberg: Kriminalistik Verlag.

Legenhausen, Lienhard (1975): *Fehleranalyse und Fehlerbewertung. Untersuchung an englischen Reifeprüfungsnacherzählungen*. Berlin: Cornelsen-Velhagen & Klasing.

Lindemann, Beate (1995): *Zum Fehlerbegriff in einer Lernersprachenanalyse*. In: Deutsch als Fremdsprache (DaF), 32. Jahrgang, Heft 2, S. 91-96.

McMenamin, Gerald (1993): *Forensic Stylistics*. Amsterdam: Elsevier Science Publishers.

McMenamin, Gerald (2001): *Style Markers in Authorship Studies*. In: Forensic Linguistics, 8/2, S.93-97.

McMenamin, Gerald (2002): *Forensic Linguistics. Advances in Forensic Stylistics*. Florida: CRC Press.

McMenamin, Gerald (2004): *Disputed Authorship in US Law*. In: Speech, Language and the Law, 11/1, S.73-82.

Meisel, Jürgen M. (1977): *The Language of Foreign Workers in Germany*. In: Molony, Carol/Zobl, Helmut/Stölting, Wilfried (Hgg.) (1977): Deutsch im Kontakt mit anderen Sprachen. German in Contact with Other Languages, Kronberg Ts.: Scriptor (Monographien Linguistik und Kommunikationswissenschaft; 26), S.25-39.

Menzel, Wolfgang (1985): *Rechtschreibunterricht. Praxis und Theorie. Aus Fehlern lernen.* Seelze: Friedrich Verlag.

Michel, Lothar (1982): *Gerichtliche Schriftvergleichung – eine Einführung in Grundlagen, Methoden und Praxis.* Berlin: Walter de Gruyter.

Michel, Lothar (1996): *Forensische Handschriftuntersuchung.* In: Günther, Hartmut/Ludwig, Otto (Hgg.) (1996), Schrift und Schriftlichkeit: Ein internationales Handbuch. Berlin/New York: Walter de Gruyter, S.1036-1049.

Nussbaumer, Markus (1997): *Sprache und Recht.* Heidelberg: Groos.

Olsson, John (2004): *Forensic Linguistics. An Introduction to Language, Crime, and the Law.* London: Continuum.

Perret, Ulrich/Balzert, Alois (1989): *Ein Blindtest zur Autorenbestimmung mittels linguistischem Textvergleich.* In: Bundeskriminalamt (Hg.) (1989): Symposium: Forenischer linguistischer Textvergleich. Referate und Zusammenfassungen der Diskussionsbeiträge am 08. und 09. Dezember 1988 im Bundeskriminalamt, Wiesbaden: BKA (Technische Forschung/BKA; 2), S.51-87.

Sanders, Willy (1989): *Indizien für individualstilistisches Sprachverhalten.* In: Bundeskriminalamt (Hg.) (1989): Symposium: Forenischer linguistischer Textvergleich. Referate und Zusammenfassungen der Diskussionsbeiträge am 08. und 09. Dezember 1988 im Bundeskriminalamt, Wiesbaden: BKA (Technische Forschung/BKA; 2), S.285-297.

Sandig, Barbara (1986): *Stilistik der deutschen Sprache.* Berlin/New York: de Gruyter.

Schall, Sabine (2000): *Geschriebene und gesprochene Sprache bei Erpressungen.* In: Baldauf, Christa (Hg.) (2000): 2. Symposion Autorenerkennung des Bundeskriminalamtes. Wiesbaden: Tagungsband BKA, S.19-33.

Schall, Sabine (2004): *Forensische Linguistik.* In: Knapp, Karlfried u.a. (Hg.) (2004): Angewandte Linguistik. Tübingen/Basel: Francke, S.544-562.

Scherer, Carmen (2006): *Korpuslinguistik.* Heidelberg: Universitätsverlag Winter.

Schulze, Peter (2007): *Beschreibende Statistik.* München: Oldenbourg Wissenschaftsverlag.

Seibt, Angelika (2004): *Qualitätsmerkmale forensischer Schriftgutachten.* In: Zeitschrift für Schriftpsychologie und Schriftvergleichung, 68, S.44-62.

Shuy, R. (2006): *Linguistics in the Courtroom: A Practical Guide.* Oxford: Oxford University Press.

Shuy, Roger W. (2007): *Language in the American Courtroom.* In: Language and Linguistics Compass, 1/1-2, S.100-114.

Smith, Wilfrid (1994): *Computers, Statistics and Disputed Authorship.* In: Gibbons, John (1994): Language and the law. London/New York: Longman, S.374-413.

Solan, Lawrence M./Tiersma, Peter (2002): *The Linguist on the Witness Stand: Forensic Linguistics in American Courts.* In: Language, 78/2, S.221-239.

Spillner, Bernd (1989): *Forensische Linguistik: Möglichkeiten des Textvergleiches und der Texturheberschaftsermittlung.* In: Bundeskriminalamt (Hg.) (1989): Symposium: Forenischer linguistischer Textvergleich. Referate und Zusammenfassungen der Diskussionsbeiträge am 08. und 09. Dezember 1988 im Bundeskriminalamt, Wiesbaden: BKA (Technische Forschung/BKA; 2), S.121-141.

Spillner, Bernd (1990): *Status und Erklärungspotential sprachlicher Fehler.* In: Kniffka, Hannes (Hg.) (1990): Texte zu Theorie und Praxis forensischer Linguistik. Tübingen: Niemeyer (Linguistische Arbeiten, 249), S.97-112.

Stein, Stephan/Baldauf, Christa (2000): *Feste sprachliche Einheiten in Erpresserbriefen. Empirische Analysen und Überlegungen zu ihrer Relevanz für die forensische Textanalyse.* In: ZGL, 28/3, S.377-403.

Steinke, Wolfgang (1990): *Die linguistische Textanalyse aus kriminalistischer Sicht.* In: Kniffka, Hannes (1990): Texte zu Theorie und Praxis forensischer Linguistik. Niemeyer, Tübingen, S.321-338.

Wahrig. *Deutsches Wörterbuch.* 8. Edition (2006). Gütersloh/München: Bertelsmann Lexikon Inst.

Wetz, Ulrich (1989): *Nach bestem Wissen und Gewissen? Linguistische Gutachten in der Praxis.* In: Institut für deutsche Sprache: Sprachreport, 4/89, S.15-16.

Wolf, Norbert Richard (2002): *Gibt es den sprachlichen Fingerabdruck?* In: Haß-Zumkehr, Ulrike (2002): Sprache und Recht. Institut für Deutsche Sprache. Jahrbuch 2001. Berlin, New York: De Gruyter, S.309-320.

Woolls, David/Coulthard, Malcolm (1998): *Tools for the Trade.* In: Forensic Linguistics, 5/1, S.33-57.

Woolls, David (2003): *Better Tools for the Trade and How to Use Them.* In: Forensic Linguistics, 10/1, S.102-112.

Würstl, Heike (2004): *Analyse eines Erpresserschreibens.* Frankfurt a.M.: Verlag für Polizeiwissenschaft.

Anhang

A) Abkürzungen

BKA: Bundeskriminalamt

FSE: Fremdspracherwerb

AA: Autorschaftsanalyse

FA: Fehleranalyse

FT: Foreigner Talk

GKS: Groß-/Kleinschreibung

KNG: Kasus-Numerus-Genus Kongruenz

MS: Muttersprache

MSler: Muttersprachler

VH: Verstellungshinweise

B) Abbildungsverzeichnis

© Springer Fachmedien Wiesbaden GmbH, ein Teil von Springer Nature 2013

S. Bredthauer, *Verstellungen in inkriminierten Schreiben*,

Edition KWV, https://doi.org/10.1007/978-3-658-24324-1

C) Formeln

1. Absolute und relative Häufigkeit

Erläuterung:

„Die Klassifikation ist bei kategorialen Merkmalen durch die erhobenen Merkmalsausprägungen selbst vorgegeben. Die Ausprägungen des Merkmals A werden mit a_i [i = 1, …, k] bezeichnet. A_i heißt Kategorie, Klasse oder Gruppe. Die Anzahl der Elemente in der Klasse i heißt absolute Häufigkeit f_i. Dividiert man die absoluten Häufigkeiten durch die Gesamtzahl der Einheiten, so erhält man die relativen Häufigkeiten (Anteilswerte) p_i. (…) Oft bildet man auch Prozentzahlen, indem man p_i mit 100 multipliziert."

(Schulze 2007: 20)

Formel:

$$p_i = \frac{f_i}{N} \ [i=1,...,k]$$

Abb. 83: Relative Häufigkeit (Schulze 2007: 20)

2. Arithmetisches Mittel
Erläuterung:

„Das arithmetische Mittel – oft auch einfach Mittelwert oder durchschnittlicher Wert genannt – ist der geläufigste Mittelwert. Spricht man im Alltag von „Durchschnitt", so ist i. d. R. das arithmetische Mittel gemeint. Im Gegensatz zu Modus und Zentralwert ist das arithmetische Mittel ein Durchschnittswert, der bei der Berechnung die Größe jedes Merkmalswertes berücksichtigt. Durch das arithmetische Mittel wird angegeben, welchen Merkmalswert jeder Merkmalsträger hätte, wenn die Summe der Merkmalswerte gleichmäßig auf alle Merkmalsträger verteilt wäre. Die Summierung von Merkmalswerten setzt voraus, daß eine sinnvolle Berechnung des arithmetischen Mittels nur bei metrisch skalierten Merkmalen möglich ist. Liegen verhältnismäßig wenig Merkmalsausprägungen eines bestimmten Merkmals vor, so wird man die Berechnung aufgrund des ungruppierten statistischen Urmaterials vornehmen. In diesem Fall berechnet man das einfach (gewöhnliche, ungewogene) arithmetische Mittel, indem man die Summe der Merkmalsausprägungen durch die Anzahl der statistischen Einheiten dividiert."
(Schulze 2007: 50-51)

Formel:

$$\overline{X} = \frac{x_1 + x_2 + \cdots + x_N}{N} = \frac{1}{N} \sum_{i=1}^{N} x_i$$

Abb. 84: Arithmetisches Mittel (Schulze 2007: 51)

3. Standardabweichung

„Der gebräuchlichste Mittelwert für metrisch skalierte Merkmale bei nicht zu asymmetrischen Verteilungen ist das arithmetische Mittel. Das wichtigste Streuungsmaß für metrisch skalierte Merkmale bezieht sich darauf. (…) Die

Standardabweichung hat – als absolutes Streuungsmaß – die Dimension des betrachteten Merkmals. Sie ist eine rein rechnerische Größe, mit deren Hilfe man durchschnittliche Abweichungen der Merkmalswerte um das arithmetische Mittel abgrenzen kann. (…) Liegt eine Häufigkeitsverteilung mit k verschiedenen Merkmalswerten und absoluten Häufigkeiten fi bzw. relativen Häufigkeiten pi [i = 1, …, k] vor, so ist die empirische Standardabweichung gegeben durch:" (Schulze 2007: 70-76)

$$S = \sqrt{\sum_{i=1}^{k} p_i (x_i - \overline{X})^2}$$

Abb. 85: Standardabweichung (Schulze 2007: 72)

4. Korrelationsanalyse

„Ähnlich wie wir eindimensionale Häufigkeitsverteilungen durch einzelne Parameter charakterisiert haben, können wir bivariate Verteilungen ebenfalls durch bestimmte Koeffizienten kennzeichnen. Sie sollen gewisse Eigenschaften einer Häufigkeitsverteilung durch eine einzige Zahl ausdrücken. Ausgangspunkt ist die verbundene Beobachtung zweier Merkmale. Zeigt sich dabei, daß sich mit der Veränderung in der Ausprägung des einen Merkmals systematisch die des anderen Merkmals verändert, so spricht man allgemein von Korrelation." (Schulze 2007: 124)